古代史から紐解く日韓関係

恨を解く

太田洪量 著

はじめに

日韓関係は、政治的に見る限り最悪と言える状態です。韓国艦艇によるレーダー照射問題に始まり、慰安婦問題、さらには徴用工問題と解決の糸口も見えません。

政治に関心ある日本人からすれば、韓国という国は国際的に結んだ条約を無視し、勝手に解釈する信用できない国としか映りません。韓国側の原因としては、政権が右から左に強くぶれる政治的構造問題があります。朴正熙大統領以下軍出身の大統領時には反共・反北・親日政策をとってきたのですが、1980年5月の光州事件を機に流れが変わり、容共・親北、反日政権が誕生するようになり、その極が現在の文在寅政権と考えることができます。

しかし米国の中国に対する体制変換を迫る経済圧力により、その影響を最も受けるのが韓国ですから、日本との関係を見直さなければ（例えばスワップ協定とか）、大変な経済危機に陥らないとも限りません。韓国で反日一辺倒の文在寅政権の対日外交政策を批判する声が大きくなるのも郁子《むべ》なるかなでしょう。

日本としても、中国という共産党一党独裁の国が極端な軍備拡張を進めており、また北朝鮮も核放棄の決断ができない状況の中で、米国との親密な関係だけでは局面の打開は難しいと考えられます。北方領土返還をにらんだ四島を含むロシア極東地域の開発にしても、韓国も巻き込んだほうがいいでしょう。

ではは日韓関係をどうすべきでしょうか？そもそも両国の複雑な関係は古代にその原因を求めることができます。弥生時代には半島から多くの人々が渡来しました。両国の関係は2千年以上前からありますが、最初から問題ありだったわけではないでしょう。どこかで何らかの事態が生じてきてここまできたと考えられます。いわば根源となる原因を探っていこうということです。病気を治癒しようとすれば、一番根っこの病巣から解決しなければならないのと同じです。

日本が半島に軍を侵攻させたのは、明治維新以降第二次世界大戦終了まで、豊臣秀吉時代、そしてずっと遡って4世紀末から663年の白村江の戦いまでの古代と、三度にわたっています。この300年近い古代に何かがあったに違いないという訳です。

前述しましたように、韓国の軍人出身者の政権は反北、金大中・盧武鉉・文在寅政権は親北政策ですが、これらは韓半島が二分された結果生じてきたものです。7世紀末、新羅により半島が統一されて以来、統一新羅時代、高麗時代、李朝時代そして日本による植民地統治時代までの１３００年以上も半島には一つの国しかありませんでした。複数の国の存在は、高句麗・百済・新羅の三国が熾烈な戦いを繰り返していた三国時代までさかのぼります。

半島の複数国家にいかに対処するか、現在の日本外交に通じる課題を古代大和朝廷も抱えていたことになります。ただ現在と異なっているのは、その三国は絶えず戦い合っていたこと、それが数百年も続いていたこと、思想的・体制的対立ではなかったこと等でしょう。しかし複数国家であったことにはかわりなく、そこから学ぶべき点もあります。

日本書紀を読むと、高句麗・百済・新羅から絶えず大和朝廷に使いや贈り物が来ていたし、また特殊の能力を持った人たちが派遣されてきました。大和朝廷からも外交使節団が半島に常駐していたし、軍が派遣されたことも一度や二度ではありません。その後の明治維新まで、これほど頻繁で複雑な半島国家やその周辺との交流はなかったといっても過言ではありません。そう考えると長い日韓関係史の中で現代に最も近い状況だったのは、古代だったとも言えます。

勿論この本の目的は、最初に述べたように日韓間の問題の根っこは古代にあったので、そこから解いていこうというものです。

古代史に関しては様々な本が刊行されていますが、著者の想像や推測の部分が多いのも事実です。資料が少ないからでしょう。そういう意味で古代史にはロマンがあることになりますが、史実と異なっては意味がありません。

この数10年、両国において考古学的発掘調査が飛躍的に進んできました。それで古代史の書籍の中から学問的にも確かだと思える内容を選びこの本をまとめてきました。

私は、1976年から日本と韓国はどうして近くて遠い国になったのかに関心を持ち研究を続けてまいりました。特に1980年代半ばころから、日韓の古代史に関して専門の教授の方々と研究会を共にしながら勉強してきました。しかし、90年代海外に赴任することになり、その研究も途切れていました。帰国後、最新の日韓古代史研究の進展や如何にと、多くの書物を読み漁りました。20年近いブランクの間、研究が飛躍的に進んでいたことに隔世の感がいたしました。

本書が、日韓歴史の奥底に流れる「恨」の心、それを解くきっかけになれば幸いです。

もくじ

第2章　大和朝廷（倭の国）と百済の特別な関係……35

第3章　百済の恨……81

第1章　日本人のルーツ

■縄文人と弥生人の違い

日本人の起源に関して1980年代から「二重構造説」というのが出てきました。これは、旧石器時代に日本列島に移り住んできた人々が縄文人を形成し、縄文時代から弥生時代への変遷時、および弥生時代に、北東アジアに居住していた人々が日本列島に渡来したとみる説です。非常に多くのデータに裏打ちされたこの仮説は、現在の定説となっています。

そこでまず、縄文人のルーツを推測ではなく、科学的データに基づいてみていきましょう。以下、『DNAが解き明かす日本人の系譜』（崎谷満著）の内容を要約してみます。

縄文人に関しては、従来東南アジア系との説もありましたが、Y染色体のDNA研究によると、南方系と思われるヒト集団が新石器時代（縄文時代）に及ぼした影響はわずかでしかなかったと考えられます。それよりむしろ朝鮮半島を通して移動してきた可能性が高く、朝鮮半島には、その後、別のDNAを持つ集団が北方から移住してきたために、現在はあまりそのDNAを持つ人々はごくわずかになっていますが、日本列島には残存してきたと考えられます。

一方、弥生時代以降の北東アジアから移動してきた人々のY染色体のDNAを調べると、二つの系統が多く、その2系統とも朝鮮半島では圧倒的に大きな集団を構成していることを考慮すると、朝鮮半島から直接九州へ渡来してきた可能性が高いと推定されます。ただし、古代において大人数の渡来系弥生人の移住があったと過去には推定されていましたが、今ではむしろごく少数の移住が何度にもわたって行われたことが推定されています。

このように、日本人が韓国人と最も遺伝的に近縁であるということは、中国海南島の六集団を中心とするアジアの17人類集団について集団間の遺伝距離を計算してつくり上げた遺伝的近縁図を通しても明らかにされています。また、ＨＬＡ（ヒト白血球抗原）遺伝子のデータを用いて作られた遺伝的近縁図によって同様の結果が出ていることからも明確になってきています。（ＤＮＡから見た日本人　斎藤成也著　参照）

人が移動するということは、その生活に関わる諸々のものがともに伝わってくるということになります。彼らは、青銅器文明、鉄器文明、稲作文化等を携えて日本列島に渡ってきました。稲作は、従来の説よりずっと古い紀元前１０００年頃に北部九州に伝えられたと考えられています。２～３世紀のものと思われる、北部九州、吉備、近畿地方から出土する考古学的発掘品の中には、三韓土器、鉄素材などが多くあります。韓半島の最も九州に近い加耶《かや》地帯から鉄の延べ棒を日本に運び、日本で加工し鍬《くわ》や鋤《すき》などの農機具や包丁などをつくっていたという記録があります。

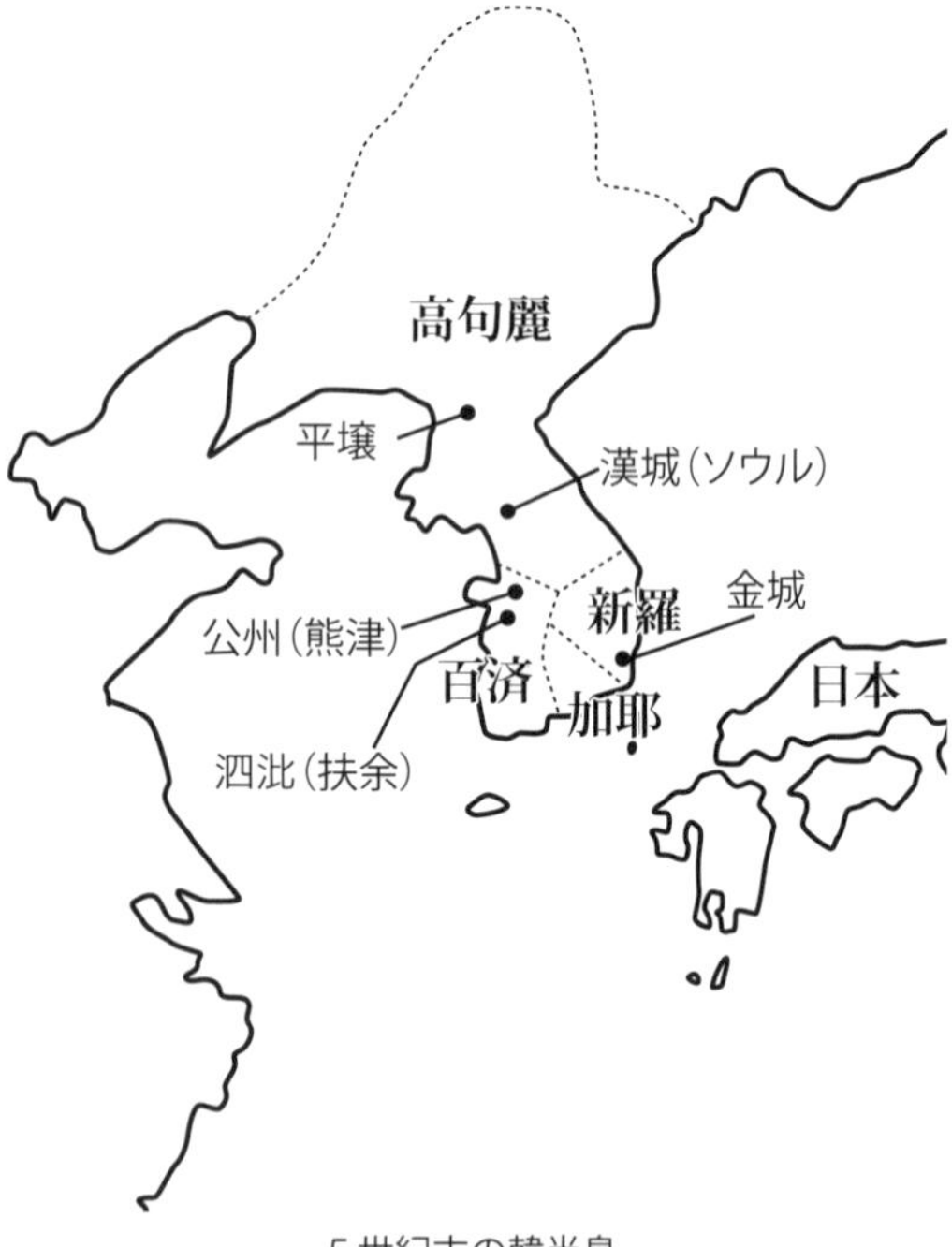

5世紀末の韓半島

■半島から多くの人が渡来した古墳時代

古墳時代も半島から多くの人が渡来しています。これは、中国の満州など中国北部での動乱等が起こって、それが半島に波及し、半島から日本列島に移住してきたことによります。また半島内の戦乱等により、場合によっては難民となって逃げてきた人たちも多いようです。

当時の韓半島には高句麗、百済、新羅それに加耶の国々があり、それぞれに文化や風習が違っていました。半島のどの国が日本のどこに移住していたかは、墓を見ればわかります。

たとえば、長野県で発掘される古墳はほとんどが積み石塚という高句麗系の墓です。高句麗は現在の中国東北三省および北朝鮮一帯を支配していましたが、韓半島の北東側から船に乗って日本海を渡る場合は、新潟や能登半島に到着し、そこから陸地を進み長野に至り、定着したと予想されます。しかも、長野県は、北朝鮮と気候風土がよく似ており、高麗人参の栽培に適しているといわれています。

広開土王碑

広開土王碑・部分

■韓半島の古代の国々

ここで、韓半島の古代の国々の歴史を簡単にみておきましょう。高句麗は、紀元前37年に扶余《プヨ》の王族である朱蒙《チュモン》が建国したとされ、初期の頃は現在の中国吉林省集安の丸都城に都を置き、５世紀になって平壌に首都を移した軍事大国といわれた国です。一時期は、広大な領土を誇っていました。

中国の吉林省集安市の好太王陵の近くにある、広開土王碑《こうかいどおうひ》にその歴史が刻まれています。この碑は好太王の業績を称えるためにその子の長寿王が、甲寅《きのえとら》年九月廿九日乙酉《きのととり》（西暦414年10月28日）に建てたものです。碑文は漢文で１８０２文字が刻まれ、高さ約6.3メートル・幅約1.5メートルの石碑です。好太王碑《こうたいおうひ》ともいわれています。

日本では、716年武蔵国に高麗郡《こま》(現在の埼玉県秩父市)が設置された際に、東海道7カ国から高句麗人1799名を移住させたとの記録が残っています。そのおり、高麗王若光《こまおうじゃっこう》もともに移り住み、高麗神社の祖になったと伝えられています。

百済は、高句麗を建国した朱蒙の妃であったソソノが前夫の息子沸流《ピリュ》と温祚《オンジョ》を連れて南下し、弟の温祚が紀元前18年に建国したといわれています。高句麗と同じ扶余の流れであり、言語も高句麗語と同じであったといわれています。都は、475年までは漢城《かんじょう》(現在のソウル)、538年までは忠清南道《チュンチョンナムド》の熊津《ウンジン》(現在の公州《コンジュ》)、その後滅亡時まで同じく忠清南道の扶余《プヨ》でした。

新羅は、神話によると紀元前57年朴赫居世《パクヒョッコセ》の建国ですが、歴史家の中には紀元356年といっている人もいます。都は、慶州《キョンジュ》(現在の慶尚北道にある)でした。高句麗、百済に比べると後発国家でしたが、7世紀に中国の唐の力を借りて高句麗、百済を滅ぼし韓半島を統一します。新羅語は、高句麗語・百済語とは違っていて、現在の韓国語の母体になったといわれています。

加耶諸国は、韓半島の南東岸に位置し、任那《みまな》と言われる金官国、中心国家であった大加耶等12カ国の連合体とされています。九州と距離的に近く、古代より往来が最も活発であった国々です。倭（のちの大和朝廷）に鉄を供給していたことで有名です。

◆コラム　韓国ドラマ「朱蒙」

韓国ドラマ「朱蒙《チュモン》」は『宮廷女官チャングムの誓い』に続き、韓国で50％を超える驚異の視聴率を記録しました。81話にも及ぶ壮大なスケールの韓国歴史エンターテインメントとして日本人にも人気がありました。

紀元前１０８年、漢の侵略により古朝鮮国が滅亡し、国を失い流浪する民族を率いたヘモス（解慕漱）と、その子である、伝説の英雄・朱蒙《チュモン》の恋愛、友情、裏切、悲哀、報復などの人間ドラマを描いた物語です。

中国が１９９０年代に、「東北工程」という名のもと、高句麗の歴史は中国の歴史の一部であるとのキャンペーンをはりました。「朱蒙」は、それに抗して作られたドラマだといわれています。このドラマは高句麗の建国に当たって、朱蒙たちが中国の漢と戦い抜いたことを強調しています。中国吉林省の朝鮮自治区では、このドラマを見ることは禁止されていました。

■半島の状勢により渡来する人々が変わる

これらの諸国から日本への渡来の跡を辿ってみましょう。
日本書紀によると応神天皇の頃（４０３年）には弓月君《ゆづきのきみ》（秦氏《はたうじ》の祖）が１２０県の人々を率い蔚山《ウルサン》付近より渡来したと書かれています。当時の県は今でいう村の単位です。京都の広隆寺は秦氏の氏寺であり、広隆寺に残された国宝第一号の弥勒菩薩半跏思惟像《みろくぼさつはんかしゆいぞう》は、人間の高貴な姿を最も美しく表現した仏像として有名ですが、素材は、韓国にしか生育しない赤松でつくられています。

さらに、４０５年、博士王仁《わに》が千字文をもって百済より渡来し、４０９年には阿知使主《あちのおみ》（東漢氏《やまとのあやのうじ》の祖）が17県の人々を率い安羅《あら》（加耶諸国の一つ）より渡来しています。

5世紀には、高句麗の新羅支配により、加耶の人々が渡来し、6世紀に至って加耶の国が滅亡すると多くの加耶の国の人々が日本に逃れてきています。5～6世紀の考古学的資料は加耶系資料が多く発掘されています。しかし、6世紀後半から7世紀には百済系資料が圧倒的に多くなります。7世紀に百済が滅亡しましたが、その前後に大量の亡命者が日本に移住したと考えられています。

■新羅語が韓国語として残り、百済語は日本に影響を与えた

韓半島からの移住に伴い、同時に文化の移動もなされました。稲作文化、青銅器文化は半島南西部から、鉄器文化は弁辰《べんしん》（弁韓《べんかん》ともいう）、加耶からもたらされてきました。また、須恵器《すえき》や登り窯等も韓国から伝えられたものです。

そして、漢字文化は先ず百済から伝わり、やがて新羅や高句麗からの影響を強く受けるようになります。また、万葉仮名は半島の漢字の表音的な用法を真似たものです。片仮名は高句麗で先行してできたものを原型として、日本の風土や民族性に適した文字となり、日本の独自の文化を構築していきました。

たとえば、日本語は主語述語の順番など文法的には韓国語と同じです。しかし、違いもあります。それは、日本語の単語はほとんどが母音で終わりますが、韓国語は子音で終わるものが多いのです。

日本語では愛はアイですが、韓国語では愛はサランです。日本語の朝はアサですが韓国語ではアッチム（口をつむぐだけのムです）といった具合です。

新羅語や百済語等については、「古代日本　文字の来た道」（平川南編）に詳しく書かれ

ています。そのポイントを記すと以下のようになります。

高句麗と百済はもともと満州にいた扶余族が南下して建てた国です。従って、言語も服装も習慣もほぼ同じでした。ところが新羅は半島に古くから住み着いていた韓族中心です。両者は言語の系統は同系なのですが微妙に違っています。韓族の新羅語は、発音が子音で終わるタイプだったのですが、扶余系の百済や高句麗の言語は、発音が母音で終わるタイプでした。

少し詳しく見てみましょう。世界の言語の中にアルタイ語という一族がありますが、これはユーラシア大陸の東から西に広く分布している言語です。その中に語末の母音がなくなってしまう傾向を持つ言語の一族があります。具体的には、トルコ語と韓族の言語がそうです。ところがそのような語末の母音消失を起こさない一族があるのですが、満州語とかツングース語、そして扶余族の言語や日本語がこれに相当します。

高句麗と百済の言語が現在の韓国語に残らなかったのは、朝鮮半島を7世紀後半に統一した新羅の言語が非常に大きな力を持っていたためと考えられています。

日本に最も大きな文化的影響を与えたのはいうまでもなく百済です。その百済語の発音が母音で終わっていたことが、日本語が開音節で終わる（母音で終わる）のに大きな影響を与えたと考えられます。

■韓半島抜きには考えられない日本の文化形成

このような事実は、日本の考古学の研究だけでわかるものではありません。考古学の研究発展には多くの予算が必要ですが、韓国の経済発展に伴い、韓国でも１９８０年から90年代にかけて調査が飛躍的に進みました。その結果、百済や高句麗の遺跡が発掘されるようになったことで、明らかになった事実なのです。

また、仏教は先ず百済、そして高句麗、新羅から日本に流入し、論語、風水思想、墳墓制なども半島経由で入ってきました。

このように日本の古代史を考える上では、韓半島を抜きにすることができないのが現実です。しかし、よく考えてみると、人類自体が北アフリカで誕生し、東へ東へと移動して日本列島に達してきたわけですから、ある意味では当然のことといえるでしょう。韓半島の古代文化にしても、青銅器文明、鉄器文明、仏教、儒教等々、元はといえば、オリジナルでなく、西の方から伝わってきたものであるわけですから。

■日本独自文化の形成

では、日本独自の文化とはなんでしょうか。渡来人たちが伝えてくれた原文化、原文明を日本の自然や風土等々に合わせながら、奈良時代後半から平安時代、鎌倉時代、室町時代……と時の流れの中でつくりあげてきたものではないでしょうか。

私が、百済の最後の都であった扶余を初めて訪れたのは30数年前になりますが、その時受けた第一印象は、「飛鳥地方」に似ているなというものでした。しかし、それが奈良になると随分変わってきているし、京都になるとまるっきり違う国になってきています。

西の方から伝わってきたものを種としながら、日本というユーラシア大陸の東端に近い島嶼《とうしょ》の国において、根付かせ花を咲かせてきた日本文化。まさに伝承されたものとは違う、世界に誇りうる日本文化となったと考えられます。

世界文化遺産に登録された和食がその象徴だと考えられます。日本書紀の中にも料理に関する記述はありますが、日本料理というものが形をつくり始めたのは、平安時代国風文化が定着してきてからだと見られています。

日本庭園にしても、飛鳥や奈良時代にかけては曲水の宴という韓半島からもたらされた遊びに使う庭園があったのですが、今でいう本格的な日本庭園は、京都に都が移ってからとみたほうが妥当でしょう。

茶道は、鎌倉時代に栄西が中国から持ち帰った茶から始まったといわれています。それが室町、安土桃山になって現在の茶道へと形作られたものです。

そのほか枚挙すればキリがないと思われますが、西方から伝播してきた荒削りな文化が、日本列島において、世界に冠たる繊細な美しい日本文化として形成され、結実したと……。想像しただけでも、感動が心の底からこみ上げてきます。

■先祖（族譜）を重んじる韓国人

５世紀の韓半島は、高句麗、百済、新羅、加耶の四つの国からなっていました。加耶は12の小国の連合で、最も大きいのが大加耶でした。しかし、加耶の国は6世紀に新羅により併合もしくは滅され、高句麗、百済、新羅の三国時代になります。一般の韓国史では、加耶諸国は小国連合であったため、それらが存在していた時期も含めて三国時代と言っています。この三国は激しい戦いを繰り広げ、少なからず日本に影響を与えていました。

ここで、少々韓国の風習について触れておきましょう。

韓国では、伝統的に血統を重んじ、その血統の集合体としての宗族《そうぞく》（日本でいう氏族）の力が大きいのです。それぞれ宗族の組織を有しており、宗族の歴史を綴った族譜は、30年おきに書き足されてきました。

韓国で最も人口の多いのは金《キム》という姓ですが、本貫（最初の先祖の故郷の地名）により宗族としては分かれています。たとえば、本貫が金海《キメ》の金は金海金氏《キメキムシ》と呼ばれてきました。その他、慶州金氏、延安金氏（北朝鮮の金日成・正日・正恩等）などなどです。金海金氏は、任那《みまな》の中心国家であった金官国《きんかんこく》を建てた王族で、現在５００万人以上いるといわれています。

この宗族を中心とした血統を重要視するという伝統は、現在では多少薄れてきていますし、民法も改正されたのですが、かつては次のような決まりがありました。

男女のお付き合いをするときには、最初に自分の氏を名乗るのが決まりで、もし、男女とも同じ氏であれば結婚はできませんでした。どんなに愛し合った仲でも禁止されていました。それでも、どうしても結婚したい場合は、女性は戸籍に載せられません。生まれてきた子供も戸籍に載らないので、学校に行くことができず、住民票などを取得することができず社会的に抹殺されてきたのでした。

また、韓国は男系社会で、男の子が生まれなかった場合でも、婿養子は禁止でした。養子をもらう場合は、自分の兄弟の中の、しかも男の兄弟に生まれた男の子に限られていました。男兄弟の中にも男の子がいない、または男兄弟がいない場合はどうしたのでしょうか。

以下は、李朝時代の話で、現代ではありません。『族譜』という題の映画にもなった話です。

当時は、女性だけが住んでいる村があり、男の子が生まれない家庭では、妻と話し合ったうえで、その村に行き、女性と契約して妊娠するまで関係を持ったのです。妊娠したら、夫の妻もお腹を大きく見せて暮らします。そして、その女性に男の子が生まれたら妻はお腹を元に戻し、子供を引き取って自分の子供として育てます。もし、女の子が生まれた場合、妻は流産したことにして、女の子はその村に残して育てるのです。このようにして男系の家系を維持したのです。

族譜というのは、日本で言えば家系図に当たるものですが、ただ名前を記していくだけではなく、いつ誰を父母としてどこに生まれてどのような生涯を送ったかを書いていくものです。30年おきに新しく追加されていきます。女性は嫁入り先で初めて誰の母という形で書かれ、自分を生んでくれた父の族譜には記されません。従って、結婚しなかった女性は歴史に残らなかったわけです。

この『族譜』は、代々長男が保管していくもので、火事の際には真っ先に持ち出さなければならないものでした。

■400年前を昨日のことのように思う韓国人

何年か前のワールドカップアジア予選のときだったと思いますが、日本チームが韓国のチームにアウェイで敗れたことがありました。当時の韓国スポーツ新聞は一面トップに、しかもものすごい大きな見出しで『李舜臣《イスンシン》（壬辰《じんしん》の乱（文禄の役）で日本水軍を撃破した韓国の英雄）の末裔、豊臣秀吉の末裔を破る！』と出ていたのを見て驚いたことがあります。李舜臣は文禄の役、慶長の役で日本水軍を撃破した韓国の英雄です。

文禄・慶長の役は1592～1597年ですから、400年前の事をいっているわけです。日本人は誰もこんなこと考えたこともないのに……。

当時、この記事を見て韓国人というのはどうなっているんだろうと、随分と考えました。結論は、日本人と韓国人の心の中での時間の尺度がまるっきり違うということでした。日本人にとっては、400年前というと、遠い遠い昔のことですが、韓国人にとっては、まるで昨日のことのように思っているということだったのです。

その原因となっているのが、この『族譜』でした。彼らにとっては、自分たちの1500年前くらいの初代の先祖をハラボジ（おじいさん）と呼んでいます。いつどういう先祖がいて何をしたということをよく知っているのです。先祖が彼らにとっては、この『族譜』故に極めて身近な存在になっているのです。日本人は、まるで逆です。十年一昔とか、台風一過とか、過去のことに拘泥しない民族性があります。おそらく、両者の違いは、気候・風土・歴史性・島国や半島という特殊性によってつくられたものでしょう。

◆コラム　日本人はどこから来たか?

・人類単一起源説

ところで日韓の歴史的事実を見ていく前に解答を見つけておくべき問題があります。それは、日本人と韓国人がそもそもどこから来たのかということです。この問題を明確にするうえで人類誕生の概観を見ていくことにしたいと思います。

20世紀後半、人類史上画期的ともいえる幾つかの科学的発見がなされました。その一つが人類は共通の先祖から出発したという、人類単一起源説です。この人類単一起源説とはどのような考え方で、どのように科学的に証明されてきたのでしょうか。

ここでＤＮＡについて簡単な説明をしておきたいと思います。生物は親から子へと性質や形態を伝える遺伝子を持っています。その媒体となっているものをＤＮＡ（デオキシリボ核酸の略）と呼んでいます。１９５３年、このＤＮＡが2重螺旋構造をもっていることが米国のＪ・ワトソン等により発見され、それ以来ＤＮＡ研究が飛躍的に進展してきました。

人間は約60兆個の細胞から成り立っています。その一つひとつの細胞の中に細胞核があり、その中にＤＮＡが入っています。それ以外に、細胞の中には１０００～１５００個のミトコンドリアも含まれています。ミトコンドリアはエネルギーを生産する、いわば発電所のような役割を担っています。従って、エネルギーを大量に使う部所である脳とか女性の胎盤の細胞に最も多く含まれています。母親の胎盤は生命を育む場所ですから、最も多くのエネルギーを使うのです。

ミトコンドリアは独自の遺伝子を有しており、しかもこのミトコンドリアＤＮＡは母性遺伝をします。男性が作り出す精子にもミトコンドリアＤＮＡが存在しますが、なぜか受精卵の中で破壊されてしまうのです。このため、ミトコンドリアＤＮＡは母方からのみ伝わるのです。生まれた子供が男だろうが女だろうが、父親からミトコンドリアの遺伝子が子供に伝わることはありません。

このような遺伝学的特性により、ミトコンドリアの遺伝子の系図は女性の先祖のみをたどった系図と考えることが出来るのです。

・人類は一対の男女から始まった

『DNAから見た日本人』（斎藤成也著）から、抜粋して要約してみましょう。

ミトコンドリアは、前述したように女性の胎盤の細胞内に最も多くあります。そこで、1987年、米国カリフォルニア大学バークレー校のアラン・ウィルソンやレベッカ・キャンは全世界の女性の胎盤からミトコンドリアDNAを採りだして調査しました。その結果、全ての女性は約15万年前の北アフリカに住む一人の女性から始まり、全世界に広がっていったと発表したのです。

また数年前には、ミトコンドリアDNAゲノム1万6500塩基の全てを世界の53人で比較した遺伝子系図も作られるようになりましたし、これまでにおそらく1万人以上の人間のミトコンドリアDNAが調べられたと思われますが、それら現代人のミトコンドリアDNAは全て、15万年前頃と推定される時期に、共通祖先を持っていることがわかったのです。

この人類の先祖としての女性は、ミトコンドリア・イブと呼ばれています。

一方、男系にしか伝わらないＹ染色体のＤＮＡの研究も進展してきました。哺乳類は人類も含めてオス・メスがＸとＹという二種類の性染色体で決定されます。普通の細胞では、性染色体は必ずペアで存在します。女性はXXで、男性はXYとなっています。ところが生殖細胞だけは、一つの性染色体しか持っていません。

従って、女性の卵子はＸ、男性の精子はＸかＹの染色体を持つことになります。女性が受精し妊娠をする場合、男性の精子がＸの場合女性はＸしかないので、生まれてくる子供の染色体はXXになり、女性です。また、男性の精子がＹで卵子に結合した場合は、子供の染色体はXYとなり、男の子になるというわけです。

このように、子供が男か女かを決定するのは男性です。つまり、Ｙ染色体は男性にしか伝わらないので、男性のＹ染色体のＤＮＡを調べれば、男性の系統をさかのぼることができることになります。２千年代はじめ、中国人を中心とする１万人以上の男性のＹ染色体が調べられました。ここでもアフリカを比較的最近に出発したという、ミトコンドリアＤＮＡと同様のパターンが見出されました。要するに、男性においてもY染色体アダムが存在していたということになります。

　このように、男も女も共通の祖先から始まったというのが、人類単一起源説です。

　この単一起源説は、ミトコンドリアＤＮＡやＹ染色体だけでなく、その他の核内遺伝子の分析結果からも支持されており、科学的定説となっています。そして、この人類の祖先は北アフリカで、７万年から20万年前に誕生したといわれています。人類は、北アフリカから生まれ、繁殖し、おもに東に移住しながら地球全体に居住するようになったということです。

　従って、私たちが住む日本列島にも、北アフリカから出発した人類が東へ東へと拡散してきて、たどり着いたということになります。

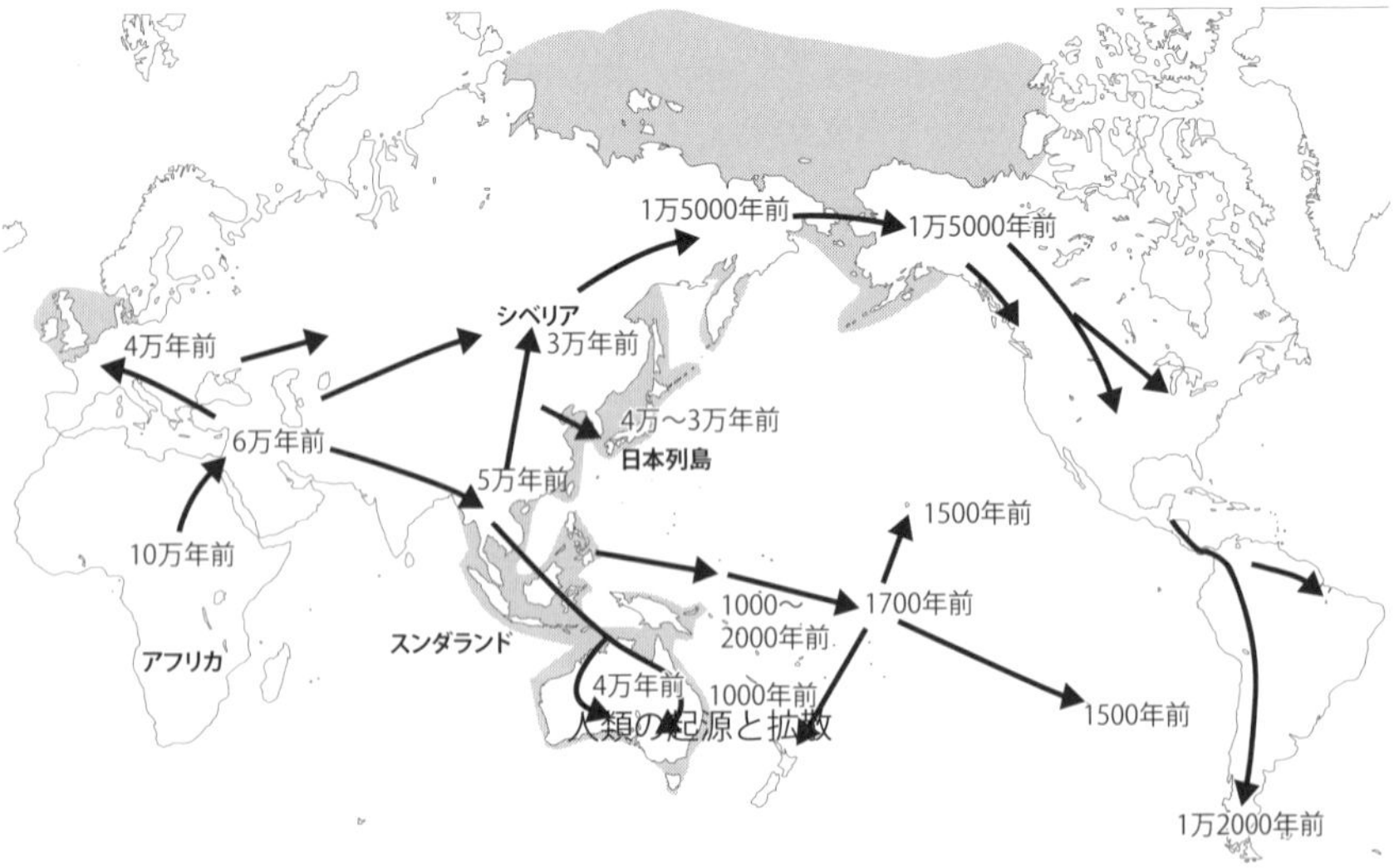

人類の起源と拡散

第2章　大和朝廷（倭の国）と百済の特別な関係

■百済国は天の賜り物

大和朝廷（倭の国）の成立についてははっきりしたことはわかりませんが、38ページの年表にあるように邪馬台国を支配していた卑弥呼の死（２４０〜２４９年頃）以降に成立したと考えられています。奈良盆地に大規模な前方後円墳が３００年頃に建造されていますが、前方後円墳は大和朝廷時代の天皇の墓ですので、奈良に大和朝廷（ヤマト王権）が興ったとされています。

また、邪馬台国時代から中国との交流があり、当時の中国は漢の後に魏という国（２２０年〜２６５年）が建国されています。魏の国の歴史書を「魏志」と言いますが、その中の「魏志倭人伝」と呼ばれている部分に、「日本には邪馬台国という国があり卑弥呼というその国の女王が他の多くの国を従えている」と書かれています。

邪馬台国の場所については、学者の間でも九州説と大和（奈良県）説に分かれていますが、いずれにしても邪馬台国から大和朝廷時代には九州に中国や韓半島の国々と交流する大きな権限を持った機関があったことは確かなようです。

大和朝廷は、高句麗、百済、新羅の三国の中でも百済と特別な関係にありました。そのことは日本書紀にも多く記されています。

幾つか日本書紀から引用してみましょう。

巻第九神功《じんぐう》皇后五十一年の条には、『五十一年春三月、百済王はまた久氐《くてい》を遣わし朝貢した。皇太后は太子と武内宿禰《たけのうちのすくね》に語って、「わが親交する百済国は、天の賜り物である。人為によるものではない。見たこともない珍しい物など、時をおかず献上してくる。自分はこの誠を見て、常に喜んで用いている。私と同じく私の後々まで恩恵を加えるようにと仰せられた。……』（日本書紀　全現代語訳　宇治谷孟著より）

巻第十応神天皇十六年の条には、『十六年春二月、王仁《わに》がきた。太子……はこれを師とされ、諸々の典籍を学ばれた。すべてによく通達していた。王仁は書首《ふみのおびと》らの先祖である。この年百済の阿花王《あかおう》がこうじた。天皇は直支王《とき》（阿花王の長子）をよんで語っていわれた。「あなたは国に帰って位につきなさい」……』

もう一つだけ例をあげましょう。巻第十七継体天皇六年の条です。

日本古代年表

縄文時代		約１万年前から紀元前３世紀(最近は紀元前 10 世紀の説あり)ごろまでの約 8000 年間
		縄文土器・打製石器・磨製石器・骨角器を使用
		弓矢を発明し、狩りや漁により暮らしていた
		たて穴式住居で青森県の三内丸山遺跡が代表的
		共同生活を営んでいた。土偶を埋葬していた。
弥生時代		紀元前３世紀（最近は紀元前 10 世紀の説あり）ごろから３世紀ごろまでの 500 ～ 600 年間
		弥生土器、青銅器、鉄器、銅鐸を使用
		大陸から米づくりの技術が伝わり、木製農具を使用し、高床式倉庫を建設
		たて穴式住居で静岡の登呂遺跡・佐賀県の吉野ケ里遺跡が代表的
		農耕が中心となり定住生活が始まる
		村の長が、小さな国（地域）を治める
	AD57	奴国王が中国(後漢)に使いを送り、中国の光武帝が金印を授ける
	107	倭の国から使者を後漢に送り、交わりを始める
	239	邪馬台国の卑弥呼が中国（魏）に使いを送る。邪馬台国は 30 余国を支配
		卑弥呼没（240 ～ 249 年頃）
古墳時代	350	このころ、大和朝廷が国内をほぼ統一する
		大和朝廷は、大王《おおきみ》（のちの天皇）を中心とした豪族の連合政権
		各地に古墳がつくられる（前方後円墳・円墳・方墳）。大阪府堺市の仁徳陵古墳
		（大山古墳）は日本最大。埴輪が埋葬される
	391	大和朝廷は朝鮮に軍を派兵し高句麗と戦う
		その後、朝鮮から多くの渡来人、織物・彫刻・陶芸などの技術が伝わり始める
	421	倭王讃が、宋に使者を送る
	532	任那（金官国）滅ぶ
	538	百済から仏教が伝わる（552 年の説もある）
飛鳥時代	593	聖徳太子が推古天皇の摂政となる
	604	十七条の憲法を定める
	607	小野妹子を遣隋使として中国に（589 年隋《ずい》が中国を統一）
	630	遣唐使の派遣（618 年唐が中国を統一、894 年までの間、10 数回派遣）
	645	大化の改新
	663	白村江《はくすきえ》の戦い
	667	大津宮に都を移す
	668	中大兄皇子、天智天皇となる
	671	天智天皇が死去
	672	壬申の乱
	694	持統天皇、飛鳥（藤原京）に都を移す
	701	大宝律令の制定
奈良時代	710	平城京に都を移す
	712	古事記の編纂
	720	日本書紀の編纂
	724	聖武天皇が即位
	752	東大寺の大仏建立（天平文化の繁栄）
	754	鑑真和尚が来日
	759	万葉集の編纂
	781	桓武天皇が即位
	784	長岡京に都を移す

韓国（朝鮮）古代年表

	B.C.8000 ～ B.C.1500	櫛目文土器時代　B.C.2333 ？ 壇君王国建国（伝説）
	B.C.1500 ～ A.D.300	無文土器時代
	B.C.200	鉄器時代始まる
三韓時代 （原三国時代）	B.C.100 頃～	西南部（後の百済）に馬韓 50 余国が乱立 東南部（後の新羅）には辰韓 12 ヵ国 洛東江（釜山の西側）流域（後の伽耶諸国）には弁辰（弁韓）12 ヵ国
三国時代	B.C.50 頃～	新羅（57 B.C. ～ A.D.676）　高句麗（37 B.C. ～ A.D. 668）　百済（18 B.C. ～ A.D. 660） 伽倻（42 ？～ 562）
	364	百済が卓淳国に使者を派遣
	366	百済が倭に久氏らを派遣
	369	高句麗・故国原王が百済侵攻
	371	百済が高句麗を攻める。平壌城で故国原王戦死
	372	高句麗に仏教が入る
	391 ～ 413	広開土王（高句麗 19 代の王）
	396	高句麗、百済に大勝
	399 ～ 400	倭と加耶地域の金官・安羅が新羅に侵攻 高句麗が 5 万の大軍で、新羅を救う
	405	百済から王仁、日本に渡来
	475	百済、熊津に遷都
	501 ～ 523	武寧王（百済第 25 代の王）
	538	百済、扶余に遷都
	598	隋の高句麗進入開始
	610	曇徴《どんちょう》高句麗の僧侶日本に渡来、紙、墨の製法を伝える
	612	乙支文徳（高句麗の武将）隋の総勢 200 万を自称する遠征軍を半数にも満たない軍勢で撃退したと言われる
	654 ～ 661	武烈王（金春秋）新羅の王
	660	黄山ヶ原の戦い、百済滅亡
	663	白村江の戦い
統一新羅	676 ～ 892	文武王（武烈王）の長男、父の死後、高句麗を滅ぼし（668）、三国統一 その後、唐の勢力を追放する 渤海（698 ～ 926）（北東アジア《北朝鮮北部、中国北東方面》）

※本年表は韓国の建国神話に基づくもので、日本の歴史学では百済と新羅は4 世紀に建国とされています。

「冬十二月、百済が使いを送り、調べをたてまつった。別に上表文をたてまつった。任那国の……の四県を欲しいと願った。……賜物と一緒に制旨をつけ、上表文に基づく任那の四県を与えられた。」

枚挙すれば、キリがないほど多くあることを付け加えておきます。

日本書紀には事実ではないことや潤色記事等も多く記されているのですが、これまで、日本の古代史を専門とする一流の研究者が、事実か否か等々を含めて精査し研究してきたのですが、当時の大和朝廷と百済が特別な関係にあったことは明らかになっています。

■百済で倭国の、倭国・筑紫で新羅の武具が発見される

では、なぜ当時大和朝廷と百済が深い関係にあったのかをみていきましょう。

前述しましたように、高句麗は軍事大国で新羅は後発国家でしたが、4世紀後半から5世紀初めにかけては、百済と高句麗が存亡をかけての死闘を繰り返していました。軍事的

に劣勢であった百済は大和朝廷に助けを求め、日本と組んで高句麗に対抗しようとしてきました。

そのため、次期の国王候補の王子を大和朝廷に預けたり、様々な文物を日本に贈ってきたりしたと考えられています。

４世紀後半からは、百済と加耶と大和朝廷の連携が始まります。また、３９１年以降は大和朝廷が百済の要請を受けて、軍を韓半島に派遣して新羅領内に侵入した高句麗軍と戦っています。

もちろん、高句麗、百済、新羅、そして加耶諸国と倭（のちの大和朝廷）との関係は時代とともに変化してきました。それについては、後で詳細に見ていきたいと思います。

従って、倭と百済の関係もいつも同じというわけではありませんでしたが、戦い合うことはなかったし、高句麗、新羅とは全く違った親密な関係が続いてきたのでした。

２０１１年、韓国南西部の小さな島の沿岸部にあるベノルリ古墳から5世紀頃の倭系甲冑が出土しました。その後かつての百済の領域であった韓国南西部の沿岸から、集中して同様のものが発掘されました。これには、韓国の研究者たちも驚き、たとえば東新《トンシン》大文化財研究所のイ・ジョンホ教授は、「これはびっくりする。（甲冑は）倭系だとは思っている。

こちら（韓国南西部）では、このような甲冑はつくられていない」と述べています。これは、当時大和政権が地方の豪族に与えたもので、おそらくは百済に来た北部九州の軍人が身に付けていたものだと考えられています。

同じ古墳からは、その倭系甲冑とともに、百済王権の中でも高い地位を示す金銅製の冠が出土しました。これは百済が北部九州の軍人を受け入れていた証拠と考えられています。

一方、日本でも福岡県古賀市で、２０１３年大きな発見がありました。６世紀末から７世紀初頭の頃と思われる新羅製の装身馬具が出てきたのです。その時代はちょうど聖徳太子の頃です。おそらくは、百済に傾く大和朝廷に抗して、北部九州の豪族を味方につけようと新羅が贈ったものだろうと捉えられています。この件は後述したいと思います。

いずれにしても、この倭系甲冑と百済系金銅製の冠を身に付けて埋葬されていた北部九州出身の軍人は、大和王朝所属の軍人であるとともに百済の軍人でもあったと考えられているのです。

付け加えておきますと、これらの発見を契機として、日韓の学者間の共同研究が進展してきました。２０１４年３月、韓国の研究機関と日本歴史民俗博物館がそのための協定を結んだのです。この共同研究を通して、日韓間の古代史がさらに明らかにされることを望んでやみません。

■同盟の証として王子を送る

話を元に戻しましょう。３９７年には、百済が腆支《てんし》王子（百済の第18代の王、在位：４０５年～４２０年）を大和朝廷に送っています。その腆支王子は8年後に１００名の大和朝廷の兵士とともに百済に戻り、王に即位します。

日本書紀には、王子は人質として大和朝廷に送られたと書いてありますが、単なる人質なのかは疑問が残ります。それは、7世紀になってからですが、新羅の金春秋《キムチュンジュ》（新羅29代国王武烈王、在位６５４年～６６１年）が百済に傾いている大和朝廷を百済と切り離し、同盟を結ぼうとして日本にやってきます。その際も、日本書紀には人質としてきたと書いてあります。彼はよく笑っていたとも記録されています。

彼は、日本から新羅に帰り、今度は唐に乗り込み交渉していくのです。単なる人質であれば、よく笑っていたり、勝手に母国に帰ったりということはありえないことです。日本書紀では、そのように特別の外交使節等を人質として表現しています。

百済にしても、大和朝廷から軍事的な支援を受けなければならないわけですから、そのクラスの人物を日本に預けざるを得なかったと思われます。また大和朝廷にしても、その人物を百済に帰国させ、王として即位させるのに100名の兵士をつけたわけですから、当時の大和朝廷と百済は特別な同盟関係にあったのではないかと推測されます。

つまり同盟の証として王子を送ったのでしょう。現に、399年にも大和朝廷は、高句麗との戦いのために百済に軍を派遣しています。

また、404年には、帯方界《たいほうかい》（現在の北朝鮮方面）に侵入して、高句麗軍に大敗しています。この大敗の記録は、前述の広開土王碑という中国吉林省にある石碑に高句麗の歴史とともに刻まれています。

■百済へ兵を大量に派遣する大和朝廷

時を経て、４６１年には百済王の弟軍君《こにきし》が来朝しています。日本書紀を引用してみましょう。雄略天皇五年の条に次のごとく記されています。

百済の蓋鹵王《こうろおう》は弟の軍君（もしくは、琨支王子《こにき》）を倭国に遣わした。その際、自分の夫人ですでに妊娠していた女性を、弟の要望に応えて軍君に嫁《とつ》がした。王はもし途中で夫人が出産したら、生まれた子を船で送り返すよう指示していた。夫人が筑紫の各羅島《かから》で男子を出産したので、この子を嶋王と名づけて百済に送り返した。この子がのちの武寧王である。

加羅島および武寧王については後述するとして、軍君のその後をみていきましょう。

４７５年９月、高句麗の長寿王は３万の兵を率いて百済の都漢城（今のソウル）を包囲し、百済の蓋鹵王を殺害して、ここに百済は一時的に滅亡しました。

日本書紀の、雄略天皇二十年および二十三年の条を要約すると、「二十年、高句麗王が大軍をもって攻め、百済を滅ぼした。さらに二十三年、百済の文斤王《もんこんおう》がなくなった。天皇は琨支王の五人の子供の中で、二番目の末多王《またおう》が、若いのに聡明なのを見て、内裏へ呼ばれた。親しく頭を撫で、ねんごろに戒めて、百済の王とされた。兵器を与えられ、筑紫の兵士五百人を遣わして、国へ送り届けられた。これが東城王である」となります。

百済が一時的に滅亡したときであり、雄略天皇の意図はどうであれ、多くの兵士をつけて末多王を百済に送り返したこと、またその末多王が百済の王として即位したこと等を考えると、大和朝廷と百済がなみならない関係であったことは間違いないことでしょう。

■百済武寧王の出自

さて、話を筑紫の各羅《かから》島で生まれた武寧王《ぶねいおう》に戻しましょう。

日本書紀の武烈天皇四年の条には、次のごとく書かれています。

、「百済の末多王が民に暴虐を加えたので、民たちはその王を廃止して新しく王を立てた。

その王が武寧王である。別名を嶋王という。倭に向かった父親の琨支王子が筑紫の島で生んだので嶋王という名前が付いた。

嶋王は、蓋鹵王《こうろおう》の子であって、蓋鹵王の弟が琨支王子であることを考えると、その嶋王を琨支王の子である末多王の異母兄というのは理解できない」（要約）

このように武寧王の出自に対して、多少の混乱が見られますが、玄海灘に面する筑紫の島で誕生したことははっきりしています。

武寧王は、百済の歴史においても重要な王の一人です。４６２年、佐賀県唐津の沖合20キロに浮かぶ加唐島《かから》（現在の名前）で誕生しました。私も７、８年前に訪れたことがあります。呼子という小さな港から１日１往復の定期船が出ています。小さな島ですが、誕生された場所および産湯を使ったところには、しめ縄が貼ってあり、大事に保存されています。

武寧王は百済第25代の王で在位は５０２年～５２３年です。東城王が５０１年12月に暗殺されたあと、首都熊津で即位しました。漢江流域に対する高句麗の侵入をしばしば撃退し、５１２年には高句麗に壊滅的打撃を与えています。５２１年には中国南朝の梁(りょう)

（502年〜557年）に入朝して「百済はかつて高句麗に破られ何年も衰退していたが、高句麗を破って強国となったので朝貢できるようになった」と上表するに至りました。これにより梁からは、もとの〈使持節・都督・百済諸軍事・寧東大将軍・百済王〉から〈行都督・百済諸軍事・寧東大将軍〉に爵号を進めました。

武寧王は、百済の歴史ではまさに中興の祖であり、梁に百済を海東の盛国と呼ばせるまでした偉大な王でした。

■武寧王の墳墓を訪問

1971年に忠清南道公州市《コンジュシ》の宋山里《ソンサンニ》古墳群から武寧王の墓誌が出土し、王墓として特定されました。その墓誌には「寧東大将軍百済斯麻王、年六十二歳、癸卯《みずのと》年（523年）五月丙戌《ひのえいぬ》朔七日壬辰《みずのえたつ》崩到」と記され、王の生没年が判明する貴重な史料となっています。

私は、この武寧王のお墓を訪ねたことがあります。百済は漢城（現ソウル）、熊津（現公州）、扶余と三度都を変わっています。武寧王は熊津に遷都したあと、百済を復興させた王ですから、墓は公州にあります。雨の降る寒い日でしたがソウルから車で2時間くらい南に行ったところでした。そこには公州時代の百済の王様のお墓がたくさんあるのですが、大半は後世の人たちが墓に埋葬された宝物を盗ったため、荒らされてしまっています。

ところが、武寧王の墓は王妃の墓とともに他の王様の墓と墓の間にあり、韓国の墓は土饅頭ですから、そこに墓があることがわからなかったのです。それでほとんど目立たずに現状のまま盗掘されることなく残されていたのです。当時の韓国の王様の棺は石棺ですが、武寧王のそれは木棺で、しかも棺に使用された木は「高野槇」で日本でしか生育していない木だったのです。棺用の木材をわざわざ日

武寧王の墳墓の前で（著者夫妻・右）

本から取り寄せたことに驚きを禁じえませんでした。

武寧王の時代は、日本での継体天皇の時期にほぼ一致します。継体天皇は在位５０７年～５３１年、第26代天皇であられ、武烈天皇の後、応神天皇から5代目ということで、越前福井から迎え入れられた天皇です。前述しましたように、武寧王の在位期間５０２年～５２３年と比較すると５０７年～５２３年のあしかけ17年が重なっています。この間、百済の加耶地域への進出が続き、百済は大和朝廷を百済側につけるべく五経博士等を大和朝廷に献上し、両国の接近が顕著となってきました。それを、日本書紀では、５１２年、百済が大和朝廷の協力で南韓４郡を領有したと記されています。

■世界文化遺産登録で注目される百済歴史遺跡区

ところで、この地域の百済歴史遺跡区は２０１５年7月にユネスコの世界文化遺産に登録されました。忠清南道の公州《コンジュ》・扶余《プヨ》、全羅北道益山《チョンラブクドイクサン》一帯の歴史遺産です。韓国人の中でも高句麗・新羅に比べてあまり注目されてきませんでしたが、このことで百済史に対する関心が高まることが期待されています。

今回登録された百済歴史遺跡区は、公州の公山城《コンサンソン》・松山里《ソンサンニ》古墳群、扶余の官北里《クァンブクリ》遺跡および扶蘇《プソ》山城・陵山里《ヌンサンニ》古墳群・定林寺《チョンニムサ》跡・羅城《ナソン》、全羅北道益山の王宮里《ワングンニ》遺跡・弥勒寺《ミルクサ》跡など計８カ所です。

この地域を歩いてみて私がまず感じるのは、前述しましたように奈良の飛鳥地方と非常に似ているということです。建築技術や寺づくりの詳しいことはわかりませんが、飛鳥地方のお寺を訪れた際には百済から来た止利仏師がつくったと記されていたことからも、建造物や宗教が共通していたことは容易に想像がつきます。

実際に、ユネスコ世界遺産委員会（ＷＨＣ）

百済の都 定林寺址５層石塔

の諮問機構である国際記念物遺跡会議（ＩＣＯＭＯＳ）の韓国委員長をつとめているイ・ヘウン、東国《トングク》大学地理教育学科教授は「百済には中国と韓国、日本へとつながる文化交流の証拠がある」として「都市の発達に関し卓越した空間構成を立証したのが登録理由の一つ」と説明したのです。

日本人が韓国に旅行する際に、ソウルばかりでなく百済歴史遺跡区にも訪れることで、韓国と日本の文化の共通性や古代の両国間交流の歴史に目を向けるきっかけになればと思います。

■桓武天皇の生母は武寧王の子孫

このような大和朝廷と百済との特別な関係をはっきりと表現したのが、今上天皇の２００２年、日韓ワールドカップでの御発言でした。ここでは、日韓ワールドカップに先立つこと約半年、平成13年（２００１年）12月18日、天皇誕生日前に恒例となっている記者会見での今上天皇のご発言を紹介しましょう。

宮内庁宮内記者会所属記者の質問：世界的なイベントであるサッカーのワールドカップが来年、日本と韓国の共同開催で行われます。開催が近づくにつれ、両国の市民レベルの交流も活発化していますが、歴史的、地理的にも近い国である韓国に対し、陛下が持っておられる関心、思いなどをお聞かせください。

天皇陛下：日本と韓国との人々の間には、古くから深い交流があったことは、日本書紀などに詳しく記されています。韓国から移住した人々や、招聘された人々によって、様々な文化や技術が伝えられました。宮内庁楽部の楽師の中には、当時の移住者の子孫で、代々楽師を務め、今も折々に雅楽を演奏している人があります。こうした文化や技術が、日本の人々の熱意と韓国の人々の友好的態度によって日本にもたらされたことは、幸いなことだったと思います。日本のその後の発展に、大きく寄与したことと思っています。

私自身としては、桓武天皇の生母が百済の武寧王の子孫であると、続日本紀に記されていることに、韓国とのゆかりを感じています。武寧王は日本との関係が深く、この時以来、日本に五経博士が代々招聘されるようになりました。また、武寧王の子、聖明王は、日本に仏教を伝えたことで知られております。

しかし、残念なことに、韓国との交流は、このような交流ばかりではありませんでした。このことを、私どもは忘れてはならないと思います。

ワールドカップを控え、両国民の交流が盛んになってきていますが、それが良い方向に向かうためには、両国の人々が、それぞれの国が歩んできた道を、個々の出来事において正確に知ることに努め、個人個人として、互いの立場を理解していくことが大切と考えます。ワールドカップが両国民の協力により滞りなく行われ、このことを通して、両国民の間に理解と信頼感が深まることを願っております。（宮内庁ホームページより）

この発言は日本の主要マスコミでは大々的に取り上げられなかったのですが、韓国では「皇室は韓国人の血筋を引いている」、「皇室百済起源論」などの天皇陛下のご発言の意図を超えた報道もありました。また、当時の金大中大統領が年頭記者会見で歓迎の意を表しています。

この天皇陛下のお言葉に対して、研究者の間でも意見が分かれていることは事実です。たとえば、これらについて、日本の朝鮮語学者であり「韓国で一番有名な日本人」といわれる水野俊平氏は、半島からの渡来人の古代日本への影響の大きさを認めてはいますが、彼等は日本社会へ同化しており、桓武天皇の生母である高野新笠《たかののにいがさ》は百済系渡来人である武寧王から10代、約2世紀もたっており、しかもその6代前に和氏という日本名にして帰化している。果たして、このような彼等をして「韓国人」と同一民族と見てもよいかどうか、また和氏が武寧王の子孫であるかどうかも学術的に少なからず疑義を持たれている。と指摘しています。

また、桓武天皇の生母である高野新笠は百済武寧王を遠い先祖にした帰化人である和氏の出身という記述が続日本紀にはあるものの、韓国側の資料には、実際に武寧王の子孫であったかどうかは不明瞭であるため疑問視する学説もあります。

ただ、桓武天皇の後宮で名前のわかっている20人近くのうち、４名の女性が百済系と考えられる点などを考慮し、また、百済と大和朝廷の関係が浅からぬものであったことを勘案すると、桓武天皇の生母高野新笠が武寧王の子孫であったことは正しいのではないかと考えられます。

桓武天皇が生まれたのは７００年代であり、武寧王は５００年代です。この間２００年ほどありますが、血統を重んじる韓民族であればこそ武寧王の子孫であるという自覚もあったのではないでしょうか。

高野新笠のお墓は京都の西京区にあります。小高い山の中にひっそりと佇んでいるかのようにあります。地元の人に案内してもらって訪ねたことがありますが、お墓は石造りの階段と細い山道を登っていったところにありました。桓武天皇の生母ですが、天皇の正室ではありませんでした。しかし、このお墓は桓武天皇の母として宮内庁が管理しています。

◆コラム　日本サッカー代表エンブレム…八咫烏

サッカー日本代表のシンボルマークは三本足のいわゆる八咫烏《やたがらす》です。朱蒙のドラマには三本足の鳥の壁画が背景に出てきますが、三本足のカラスは朝鮮半島では、かつて高句麗があった地域（現在の北朝鮮）で古墳に描かれています。

三本足の鳥を日本では八咫烏といい、神武天皇を大和の橿原《かしはら》まで案内したそうで、導きの神として信仰され、神社にも祀られています。

八咫烏の記録は『古事記』『日本書紀』やキトラ塚古墳の壁画や珍敷塚古墳（福岡県）の横穴石室壁画、千葉県木更津市の高部三〇号噴出土鏡、玉虫厨子（法隆寺）の台座などにも描かれています。また、熊野本宮大社にも八咫烏が祀られており、明治時代、日本に初めてサッカーを紹介した中村覚之助氏が和歌山県那智勝浦町出身だったことで、１９８７年から、勝利に導く神様として日本代表のシンボルマークに採用されました。

■百済と大和朝廷の関係はどのようにして形成されたか

武寧王の死後、５５４年には百済と大和朝廷は、新羅と戦っています。しかし、５６２年に新羅は大加耶を滅ぼしました。そこで、５９１年に大和朝廷は、九州の筑紫に２万余の軍勢を派遣して「磐井の乱」が起きますが、これは新羅に圧力をかける戦いでした。なぜ、日本の九州での戦いが新羅への圧力になるのかというと、当時の筑紫には、新羅と近い磐井という豪族が覇権を握っていたのです。

前述した新羅製の馬具は、北九州に住んでいた親新羅の豪族に贈られたものでしょう。

ここで倭と高句麗、百済、新羅、そして加耶諸国との関係を歴史を追って整理してみましょう。

2世紀後半、中国の後漢の朝鮮半島支配の拠点（BC108年〜AD313年）であった「楽浪郡《らくろうぐん》」周辺が動揺してきます。その影響で朝鮮半島南部にいた韓族に対する統制が不安定になっていきます。西南部（後の百済）には、馬韓50余国が乱立、また東南部（後の新羅）には辰韓12ヵ国、洛東江（現在の釜山の西側に流れ込む大河）流域（後の加耶諸国）には弁辰（弁韓）12ヵ国が起きてきます。

そして、313年には楽浪郡が、314年には帯方郡が滅び、その旧地を高句麗が支配していきます。一方、西南部の馬韓地域では、346年百済が支配体制を固め、東南部の辰韓地域は356年新羅が統一します。洛東江流域では、小国分立状態が続いていきました。この弁辰地域は、倭にとって鉄資源の入手先でした。日本では5世紀以前は製鉄の痕跡が見られません。それで、倭は洛東江流域の加耶諸国と特別の関係を持って鉄を入手していたと考えられます。

では、倭と百済の関係はどのようにして形成されていったのでしょうか？

「日本書紀」神功皇后四十六年条に次のごとく記されています。

四十六年春三月一日、斯摩宿禰《しまのすくね》を卓淳国（現在の昌原あたり）に遣わした。卓淳の王、末錦旱岐《まきむかんき》が、斯摩宿禰にいうのに、「甲子《きのえね》の年の七月中旬、百済人の久氐《くてい》（百済の高官）・弥州流《みつる》（百済の使者）・莫古《まくこ》（百済の官吏）の三人がわが国にやってきて、『百済王は、東の方に日本という貴い国があることを聞いて、われらを遣わしてその国に行かせた。もしよく吾々に道を教えて、通わせて頂けば、わが王は君を徳とするでしょう』と。そのとき久氐らに語って、『以前から東方に貴い国があることは聞いていた。けれどもまだ交通が開けていないので、その道が分からない。海路は遠く波は険しい。大船に乗ればなんとか通うことができるだろう。途中に中継所があったとしても、かなわぬことである』と。久氐らが『もう一度帰って船舶を用意して出直しましょう』という。また重ねて『もし貴い国の使いが来ることがあれば、わが国にも知らせて欲しい』と。このように話し合って帰った」と。そこで斯摩宿禰は、従者の爾波移《にはや》と卓淳の人過去《わこ》のふたりを、百済国に遣わしその王をねぎらわせた。百済の肖古王《しょうこおう》は大変喜んで厚遇された。五色の綵絹《しみのきぬ》（色染めの絹）各一匹、角弓箭《つののゆみや》（角を飾りの材料に使った弓）・鉄鋌《ねりかね》（鉄材）四十枚を爾波移《にはや》に与えた。

また宝の蔵を開いて、いろいろの珍しいものを示して、「我が国には沢山の宝物がある。貴い国に奉ろうと思っても道が分からない。志があってもかなわないが、今、使者に託してついでに献上しましょう」といった。爾波移《にはや》は承って帰り、斯摩宿禰《しまのすくね》に告げた。斯摩宿禰《しまのすくね》は卓淳国から帰還した。

これを専門の学者たちはどう解釈しているか見ていきましょう。

神功皇后46年は西暦に直すと246年となります。日本書紀では、干支二運＝120年を加えた年が、実際の年だと見ています。それで、246＋120で366年となります。その頃の百済の王は近肖古王なので、それを間違って肖古王と書いてしまったと捉えています。これは学会では、定説となっています。

『大加耶連盟の興亡と「任那」』（田中俊明著）に基づいて日本書紀の内容を要約すると次のように解釈することができます。

364年　百済が卓淳国に使者を派遣した。

366年　百済に倭人（斯摩宿禰《しまのすくね》の従者爾波移《にはや》）が卓淳人（過去）といっしょにやってきた。

367年　百済が倭に久氐《くてい》（百済の高官）らを派遣した。

３６９年
　この後、倭が職麻那那加比跪《ちくまななながひこ》を百済に派遣してきた。
　百済王近肖古王はそれを厚遇し、さらに久氐らをつけて送った。久氐らは七枝刀（奈良県天理市石上神宮に現存）・七子鏡などを記念としてもたらした。

すなわち、百済の方から卓淳国を通して、倭に接近し、通交を求めてきたわけです。
では、その理由は何でしょうか？

■急速に接近する百済と大和朝廷

百済の建国以来の一貫した課題は、前述しましたように南下してくる高句麗をいかに食い止めるかということでした。そのため、首都は慰礼《いれい》（?～３７１）、漢山（現在のソウル）（３７１～４７７）、熊津（現在の公州）（４７７～５３８）、そして南扶余（５３８～６６０）と変わっていきました。
高句麗は、４世紀中葉までは、北方との対応に多忙でした。しかし、それに一定の決着をつけてきた360年すぎから南下を始め、百済に侵攻してきます。
年代順に見てみましょう。
369年　高句麗・故国原王が百済侵攻
371年　再び、高句麗が百済に侵攻
371年　逆に百済が高句麗を攻める。平壌城で故国原王戦死
396年　高句麗、百済に大勝
399～400年　倭と加耶地域の金官・安羅が新羅に侵攻。高句麗が5万の大軍で、新羅を救う
405年　倭にいた腆支王子、倭兵100名と帰国し、百済王として即位

このように、360年代後半に修好を始めたばかりの倭と百済が30～40年という短い間に急速度に接近した理由は何でしょうか？

百済は、高句麗の侵攻によほど苦しんでいたのでしょう。だからこそ、次期王になる可能性のある王子まで倭に送ってきたと考えられます。それにしても、百済がそのような王子をある期間、倭にあずけたということは、すでにある程度信頼関係ができていないと難

しいのではないかとも推測されます。

それに対しては、いろいろな説がありますが、これ以上の論及は避けたいと思います。ただここで指摘しておきたいことは、倭と百済の関係がそこまで深まっていたということです。

■信頼できない国、新羅

一方日本書紀の中では、新羅は信頼できない、悪い国として描かれています。いくつか例を要約して引用してみましょう。神代、上の素戔嗚尊《すさのおのみこと》の部分からみてみます。

要は、素戔嗚尊の行いがひどかったので、神々は罪を科せられて新羅に追放されたとの内容です。ポイントは、素戔嗚尊が刑を受けて、流刑地となったところが新羅だったという点です。それほど、新羅は未開の地であり流刑にあたいするところだったというのです。

次に垂仁天皇六十八年の条です。

簡単に述べると、先の天皇の時に倭国に来ていた任那の人が、国に帰ることになった。

それで、垂仁天皇は彼を厚くもてなされ、多くの贈り物を彼に託して任那の王に贈られた。ところが、帰国途中、その贈り物を新羅の人が奪った。任那と新羅の争いは、この時から始まったというものです。

次は、前述の倭と百済が親交を結び始めたときのことです。斯摩宿禰《しまのすくね》が卓淳国から帰国した後をみていきます。

神功皇后四十七年の条です。

「百済と新羅の使いが同時に倭国に朝貢してきた。ところが、百済の貢ぎ物はわずかで、新羅からのそれは珍しい物が多くあった。百済からの使者にその理由を問いただしたところ、途中道に迷って新羅領内に入り込んでしまい、捕らえられ牢屋に入れられてしまった。その上、新羅は百済からの貢ぎ物を奪って新羅の貢ぎ物とし、新羅の賎しい物を百済の貢ぎ物として入れ替えてしまった。このことを漏らしたら殺すと脅されて、ここまで従って来たとのこと。

これを聞かれた神功皇后は、天神に伺いをたてられ千熊長彦《ちくまながひこ》を新羅に遣わして、事の真偽を調べさせたうえで、新羅を責めた」とあります。

というように、日本書紀の多くの箇所で、新羅は礼を知らない信頼できない国だと記されているのです。

■12回に亘る大和朝廷の新羅への侵攻

日本書紀では、倭＝大和朝廷は新羅に12回侵攻しています。古い順にみていきましょう。

①神功皇后最初の新羅征討・三韓征討

仲哀天皇九年の条に書かれているものです。要約すると、「風も波も魚までもこの征討を助け、新羅王は戦う気力もなく、地図や戸籍を封印して差し出し降伏した。高句麗・百済の王もこれをきいておそれをなし、頭を下げ以後の朝貢を誓った。それで屯倉《みやけ》（天皇の領地）を定め、これが三韓となった」となります。

これが、倭国のひいてはその後の日本の対新羅観、対韓国観の原点となるものです。

②神功皇后一度目の征討の後、新羅王夫人の悪行に対し再び征討軍を送った

仲哀天皇九年の条――天皇はこれを聞いてまた怒られ、大兵を送って新羅を亡ぼそうとされた。軍船は海に満ちて新羅に至った。このとき新羅の国人は大いに恐れ、皆で謀って王の妻を殺して罪を謝した。

③葛城襲津彦《かつらぎのそつひこ》（以後襲津彦）の第一回目の新羅征討

神功皇后五年の条に記されています。

襲津彦はだまされたことが分かり、新羅の使い三人を捕らえて、檻の中に入れ火をつけて焼き殺した。そして新羅に行き多大浦《たたらのうら》に陣し、草羅城《さわらのきし》を攻め落として還った。この時の捕虜たちは、今の桑原・さび・高宮・忍海《おしぬみ》などの四つの村の漢人《あやひと》らの先祖である。

④卓淳国に集結し、加耶七ヵ国を平定

神功皇后四十九年の条を要約すると、「兵を整えて卓淳国《とくじゅんこく》に至り、まさに新羅を襲おうとした。その時ある人がいうのに、『兵が少なくては新羅を破ることはできぬ……増兵を請え』と。そこで精兵を増派し、ともに卓淳国に集まり、新羅を打ち破り、加耶七ヵ国を平定した。さらに南蛮のたん羅を滅ぼして百済に与えた」となります。

⑤襲津彦による二度目の新羅征討

神功皇后六〇二年の条――六十二年、新羅が朝貢しなかった。その年襲津彦を遣わして新羅を討たせた。

このように、神功皇后の時だけでも五度にわたり新羅を侵攻しています。日本書紀における対新羅観は、神功皇后時代のことが基礎になっています。私たちも、神功皇后の新羅征伐、三韓征伐等、何度も聞いてきました。これらのことが歴史的事実なのかどうか等については、学者の方々の最新の説で、学説として定着したものを後ほど紹介します。

⑥新羅に捕らわれた襲津彦を奪い返すための征討

応神天皇十六年の条に書かれています。要約すると、百済の弓月の民たち（秦氏の先祖）が倭国に来たいと故郷を出たのに、新羅が邪魔をして来ることができない。そこで襲津彦を遣わしたのに、三年経っても帰ってこない。そこで二人の将軍に精兵を授けて渡韓させた。新羅王が軍勢を見て恐れ降伏したので、弓月の民を率いて襲津彦とともに帰ってきたとの内容です。

⑦朝貢を怠った新羅の征討

仁徳天皇五十三年の条には、下記のごとく記されています。ポイントは、「朝貢しない新羅を討つために兵を二度派遣した。二度目の時、新羅と戦いになった。新羅の陣営から出てきた一人の新羅兵の策を受けて新羅陣営を攻めたところ、新羅軍は崩れ、倭軍は戦いに勝利し、新羅の民を捕らえ連行し帰ってきた」ということです。

⑧雄略天皇の唯一の新羅征討

雄略天皇九年の条を要約すると、「新羅は朝貢しないどころか、対馬まで侵攻して高句麗からの朝貢の使者たちを倭国に行かせないように邪魔したり、百済を攻め城を奪ったりしている。その新羅を討つべく、天皇は四人の将軍に精兵を授けられた。彼らの進撃は目ざましく、新羅王は数百の兵とともに遁走した」となります。

⑨新羅に奪われた南加羅《ありしひのから》奪還のための新羅征討

継体天皇二十一年の条には以下のように書かれています。「二十一年夏六月三日、近江の毛野臣《けなのおみ》が、兵六万を率いて任那に行き、新羅に破られた南加羅《ありしひのから》等を奪い返そうとした」と。

任那については、かつては日本の領土、天皇家の御領地と考えられていましたが、現在学説として定着しているのは、任那の日本府とは、加耶諸国の一つであった安羅にいた倭臣団となっています。したがって、古代において朝鮮半島には日本の領土はなかったということになります。この点も最近の研究の成果の重要な一つです。

⑩欽明天皇時の一度目の新羅征討

欽明天皇十五年の条には次のごとく記されています。要約すると、「百済の聖明王《せいめい》が遣わした使者による聖明王からの依頼を受け、欽明天皇は軍を派遣し新羅攻撃を開始した」との内容です。

⑪欽明天皇時の二度目の征討

欽明天皇二十三年の条に書かれています。ポイントは、「任那を攻めた新羅を問責しようと将軍と副将が夫々別の場所から上陸し、新羅を攻めていった」ということです。

欽明天皇時代は、後でも触れますが、百済が新羅と一緒に高句麗と戦って勝ち取った百済の旧首都であった漢城をその新羅に裏切られて、新羅が奪っていった時であり、また加耶諸国が新羅によって完全に滅ぼされた時代でした。日本書紀の中でも欽明天皇の巻は、天武天皇の巻を除くと最も長い頁が費やされています。

⑫推古天皇時の唯一の新羅征討

推古天皇八年の条に、以下のごとく記されています。要は、「新羅と任那が戦った際、推古天皇は任那を助けようと一万あまりの軍を派遣された。倭軍は、新羅の5つの城を攻略し、新羅王は降伏した。しかし、倭軍が引き上げたあと、新羅はまた任那を侵した」との内容です。

これらが全て史実であるかどうかは別として、日本書紀に記されていることが重要なのです。日本書紀の対新羅観が表れているということです。

ちなみに大和朝廷が高句麗を侵攻したことは数度、それもほとんどは百済の要請であるし、もちろん百済と戦ったことがないことは言うまでもありません。

■大和朝廷が新羅を怨讐視した理由

何故、倭＝大和朝廷は新羅をかくまで怨讐視したのでしょうか？

逆に言えば、何故百済とかくも親密な関係を築いたのでしょうか？

いろんな説がありますが、学説としては資料や根拠が充分でなく、やはり推理小説の域を出ないものがほとんどだと思われます。

ここでは、三つのことを述べておきたいと思います。

第一に新羅が、中国の唐と組んで百済を滅亡させたということです。この件は、後ほど詳しくみていきます。第二は、新羅が任那といわれた金官国を併合し、他の加耶諸国も滅ぼしてしまったということです。日本書紀では、欽明天皇の巻に詳細に書かれています。第三は、新羅が百済を裏切ってかつての首都であった漢城を奪っていったことです。

これらの観点の背後には、もちろん大和朝廷が百済と特別の関係があったからということが基礎になっています。

■百済、加耶南部諸国、新羅、大和朝廷の関係

ここで、百済、加耶南部諸国、新羅、そして倭との関係を概観してみましょう。

今まで何度か言及してきましたように、百済、加耶南部諸国（特に卓淳、安羅）と倭は、対高句麗で同盟関係を結んできました。南下してくる高句麗に対抗するために、百済からの働きかけでできたものです。ところが6世紀初頭から百済は加耶南部に侵攻してきます。武寧王の時です。百済は倭に協力を要請したものと考えられます。パートナーは継体天皇です。当然、百済は加耶諸国とぶつかることになります。加耶諸国は新羅と婚姻同盟を結び対抗しようとしますが、新羅自体も加耶南部諸国への進出を図ろうとする意図を持っていますから、新羅・加耶同盟は7年で破綻します。新羅は、金官国に二度に亘って侵攻し、532年には金官国は滅亡し、新羅はその王に高い位を与えました。

その後、新羅の侵攻に脅威を感じた安羅は百済に軍の派遣を要請したところ、進駐した百済は進駐地域に郡令・城主を配置し、警戒感を抱かせてしまったのです。

高句麗に攻勢をかけたい百済は、新羅に協力を求め、新羅・大加耶とともに高句麗と戦い（551年）、475年に失ったかつての首都・漢山城を奪還しました。その喜びもつ

かの間、翌年の552年、新羅は漢城の地を領有し、ついに新羅は初めて西海岸に達し、高句麗、百済の脅威なしに中国への道を開いたのです。

554年、倭は百済の要請に応じ、軍を派遣し、百済・加良（大加耶か？）とともに新羅と戦いました。しかし百済聖明王は戦死してしまい、加耶諸国も562年、新羅により滅ぼされてしまったのです。

日本書紀、欽明天皇十五年の条には、次のように記されています。

余昌（百済の王子）が新羅を撃つことを謀ると、重臣たちは諫めた。「天はまだ吾に味方しません。恐らく禍が身に及ぶでしょう」と。余昌は、「老人よ心配するな。自分は大和（日本）にお仕えしている。何の恐れることがあるだろう」と。ついに新羅国に入って、久陀牟羅《くだむら》の塞《そこ》を築いた。父の明王（聖明王のこと）は憂え、余昌は戦いに苦しんで、長らく寝食も足りていない。父の慈愛に欠けることも多く、子としての孝も果たせないと思った。そこで自ら出向いてねぎらった。新羅は明王が自らやってきたと聞いて、全軍を動員し道を絶って痛撃した。……明王は天を仰ぎ、嘆息して涙を流した。許していうのに、「常に骨身に沁みる苦痛をなめてきたが、今は万事休すのみ」といって王は首を伸べた。苦都《こつ》は斬首して、穴を掘り埋めた。

王がこのような形で戦死し、斬首され埋められたということは、百済にとって大変な恨みになったに違いないと思われます。加耶諸国を奪われ、王まで殺害された百済は加耶奪還を国是とし、果敢に新羅を攻めていきます。

一方、中国に建った隋（589年～617年）は高句麗を数度に亘って攻撃します。百済と新羅は、隋に支援軍を送っています。よほど高句麗の圧迫に苦しんできたのでしょう。しかし、隋が唐に代わると状況が一変してきます。

643年、高句麗・百済に攻められ苦しんでいた新羅は、唐に両国の領土侵犯を訴え、唐が三国和親の説諭を下します。これに対し、高句麗は正面から唐に敵対する行動を選択します。百済は表面上謝罪はしましたが、645年から始まった唐の高句麗侵攻に乗じて新羅侵攻を続けていきます。

新羅には親唐依存派と自立派の対立が潜行しますが、親唐依存派の乱を鎮圧し親唐自立派を中心に王権強化に乗り出します。しかし、唐の高句麗征討が失敗し、648年百済に西部十余城を攻取され、さらに王都慶州に迫る勢いを示されると新羅は存亡の危機に立たされます。窮余の策として用いられたのが、唐との結合を深め、唐の力を借りて起死回生を図るということでした。金春秋《キムチュンチュ》が唐に行き、その後唐風化策を徹底していったのです。これに応え唐は、百済に新羅との和解を指示し、従わない場合は征討のあることを示唆したのでした。百済は、これに反発し唐との対立の道を選びます。

６５５年唐の高句麗征討が再開され、６８８年高句麗滅亡まで戦闘が続きます。百済が６５９年新羅の二城を奪うと、新羅は唐に救援を要請し、唐は高句麗征討の一環として、高句麗に味方する百済の成敗を決意します。

■百済滅亡時の問題

百済は６４２年新羅の大耶城を攻め落とした際、降伏したにも関わらず、金春秋の女婿とその妻子を殺害してしまいました。新羅の恨みを買ったに違いありません。

その百済義慈王は、「宮廷で家臣と酒色にふけり、快楽におぼれて、酒をやむことなく飲んでいた。佐平（首相）の成忠が厳しく諫めたところ,王は怒って彼を獄舎につないだ。

このことがあってから諫言するものがいなくなった」との話も伝えられています。（森公章著「白村江以降」）

また日本書紀斉明天皇六年の条には、「他の説では百済は自滅したのであると。王の大夫人が無道で、ほしいままに国権を私し、立派な人たちを罰し殺したので禍を招いた」と書かれています。

このような状況下、660年3月、唐・新羅連合軍は百済討滅の作戦を開始します。唐軍は13万の大軍をもって海上から、新羅は太宗武烈王（金春秋）自ら5万を率いて陸上から攻撃していきました。3月18日義慈王は降伏し、ここに百済は滅亡します。

■百済の復興を画策する大和朝廷

百済は王子を大和朝廷に送り、帰国後王に即位したことが多くありました。百済滅亡時に大和朝廷に残っていたのが、余豊璋王子でした。中大兄皇子《なかのおおえのおうじ》（のちの天智天皇）は、

６６２年、大和朝廷が百済王子余豊璋《よほうしょう》を立てて百済の復興を開始することを承諾します。日本書紀・斉明天皇六年の条には次のように記されています。

要約すると次のようになります。

「百済は一旦滅亡したが、残った百済の人々は、鬼室福信《きしつふくしん》（百済の王族・将軍）を中心として百済復興運動を開始し、盛り返してきた。鬼室福信は倭国に使いを派遣し、（百済最後の王、義慈王の）王子豊璋《ほうしょう》の帰国と救援軍を依頼してきた。斉明天皇は、臥薪嘗胆しても必ず百済を救おうと決意された」と。

続いて天智天皇七年の条には、次のごとく書かれています。

前後を合わせて読むと、「斉明天皇は百済復興のために軍を率いて西征された。しかし、天皇は朝倉（福岡県朝倉市）宮で崩御された。皇太子（中大兄皇子）は百済の豊璋王子を百済の王とする儀式をされ、腹心の妹を妻として与え、軍兵五千余りとともに本国に護り送らせた」となります。

中大兄皇子は６６３年から３回に亘り、５万の兵を百済に送ります。その２回目の派遣は、1000隻に及ぶ船に、27000人の兵士を乗せ派遣しました。この27000の大和と百済の連合軍は「白村江《はくすきのえ》の戦い」で新羅・唐の連合軍に大敗してしまいます。

大敗の原因は、唐・新羅の連合軍と百済・大和朝廷の連合軍の兵器の差でした。唐では石油が発見され、その燃焼力が格段に上がっていたのです。当時の海戦は、矢に布を巻きつけて、そこに油をしみこませて火をつけて、敵の船に放ち、船を炎上させてから敵船に乗り込み戦います。石油は、燃焼力が強く、まだなたね油で戦っていた大和朝廷軍の燃焼力とは違い、あっという間に船が炎上して沈没してしまうのです。

韓国側の資料、『三国史記』の「新羅本紀文武王十一年七月二十六日の条」および『旧唐書』の「劉仁軌伝」によると、倭国の兵力、船1000隻のうち400隻が炎上し、残りの600隻に百済人の亡命者を乗せて日本に運んだとあります。

660年に百済が滅亡した際も、百済の多くの人が自分たちの船で日本に亡命したに違いないであろうし、その中でも37名にも及ぶ百済の王子が日本に渡ったという記録があります。宮崎県には当時の王子が隠れ住み、その場所に神社が建てられています。

新羅は668年には高句麗を滅ぼし、統一新羅を樹立します。こうして、現代韓国の原型が成立し、言語では新羅語が韓国語の源流になったのです。

ところで、敗戦を喫した大和朝廷は、唐と新羅の連合軍が襲ってくるという恐怖感に襲われ、如何に国を防ぐかに腐心していました。福岡の海岸線に今も残っている水城という高さ10メートル、幅80メートルの土塁と幅60メートル、深さ４メートルの堀を築いた防塁があり、北九州から瀬戸内海の島々には山城を築いたのでした。

韓半島で統一新羅が樹立する１年前の６６７年、大和朝廷は奈良から近江に遷都を行い、６６８年には中大兄皇子が天智天皇として即位します。天智天皇は、国防・法務・文部大臣に百済からの亡命者の大臣を起用して、本格的な律令官制を成立させていきます。

第３章　百済の恨

■古事記・日本書紀とは

古事記は712年に完成した日本最古の歴史書です。古事記の序には、712年（和銅5年）に太安万侶《おほのあそみやすまろ》が編纂し、元明天皇に献上されたと記されています。

内容は、神代《かみよ》（神武天皇の在位する以前までの時代（紀元前660年以前））の天地《あめつち》の始まりから神話や伝説などが記載されています。

日本書紀は720（養老4）年に完成した日本最古の正史（天皇家の正式の歴史書）です。

奈良〜平安時代に、政府の歴史編纂事業として完成した六国史《りっこくし》の一つです。六国史とは『日本書紀』『続日本紀（しょくにほんぎ）』『日本後紀』『続日本後紀』『日本文徳天皇実録』『日本三代実録』を言います。

日本書紀は、30巻から成り、舎人親王《とねりしんのう》らが編纂したとされています。1、2巻は神代、3〜30巻は神武天皇から持統天皇までを記述しています。

■日本書紀の編纂は百済人によってなされた⁉

日本書紀の編纂には、当時実力者であった藤原不比等《ふじわらふひと》の影響があったのではないかとの説もあります。この件は後述したいと思います。

２００８年頃だったでしょうか、私は白川静博士の著した「桂東雑記」に偶然出会いました。白川静博士とは知る人ぞ知る、日本が生んだ偉大な学者です。古代漢字学（甲骨文字、金文）の研究の第一人者で２００４年には文化勲章を受章されています。

日本で最高の古代漢字学者であることはいうまでもなく、世界的にみても数本の指に入る方ではないでしょうか。博士は、紀元前17世紀〜11世紀に栄えた中国の殷時代に作られた甲骨文字（亀の甲羅や牛や鹿の骨に刻まれた文字で、獣骨を用いる占卜が結合したもの）は宗教的なものが背景にあったことを学問的に明らかにされた方です。独学で学問の境地を切り開かれながら、甲骨文字を一字一字復元していかれた努力は、まさに学者の中の学者といえる方です。

福井県出身で、福井市にある子供歴史文化館には、２００８年にノーベル物理学賞を受賞された南部陽一郎氏とともに、白川静博士の特設の部屋があります。私も普通の学者の方の論であるならば、ここまで注目しなかったと思います。この白川静博士の書かれた著書の中に、驚くべき内容が書かれていました。愕然としただけでなく、全てが解けたような感に襲われました。

博士が亡くなられる2年前の２００４年４月に出版された『桂東雑記Ⅱ』２４０〜２４８頁には次のように書かれています。

「ところが日本語の場合には、漢字が入ってきたのは、私は応神期あたりではないかと思う。和邇《わに》（王仁）が『論語』と『千字文』を献上したという、だいたいあの頃から漢字が入ってきたのではないかと思う。漢字によってことばがダーッと広がるんですが、いくらかそれが国内に広がったのは雄略期ぐらいからではないか。私がそういう推測をするのは、雄略期に百済人が作った鉄剣銘があります。関東の方の稲荷山古墳から出た鉄剣、それから九州の江田山古墳から出た鉄剣、これは両方とも『獲加多支鹵大王《わかたけるのみこと》』という名前が入っている。それでわれわれは7代前の先祖から大王《おおきみ》に仕えて、そして獲加多支鹵大王に至ったというようなことが書いてある。それはちょうど応神から雄略までの7代に相当する」と。

これらのことから白川博士は、応神期に渡来した百済人が漢字を使って漢文の読み書きや日本語を漢字で表すような作業に従事していたとみておられるのです。さらに、

「当時の日本人は漢字は使うておりません。おそらく僕は、聖徳太子も漢字を使われたどうか、『三経義疏《さんぎょうぎしょ》』など、聖徳太子の作と言われるけれども、あれの種本のような義疏本が別にあるんです。『三経義疏』の、あの系統の義疏本はたくさんあって、それとよく似ておるんです。だからそれを書写するぐらいのことはされたかもしれない。しかし聖徳太子が、あんな隋に遣わしたような文章を書いたり、あるいは『三経義疏』を書くというようなことは、たぶんなかったであろう。そういうことを推測する理由は、だいたい、後にでも西史《かわちのふひと》とか、東の史《やまとふひと》と言われる書記官（朝廷の書記官のこと）、これは全部百済人です。日本人はだれも入ってないんです」

と、日本人は書記官になっていなかったことを強調しておられます。

白川静博士は、日本書紀の専門家ではありません。しかも桂東雑記はその名の示すとおり、学術書ではありません。しかし、博士の学問に対する真摯な姿勢から、決していい加減な事を言っておられるのではないことは確かだと思います。続いて、

「斉明は女帝で、皇孫建の王《たけるみこ》が病没された時、歌を作っておられる、短歌です。今城《いまき》なる小山《おむれ》が上に雲だにも著《しる》くし立たば何か嘆かむなど、三首一連の葬歌で、この三種一連の葬歌は中国の形式です。また城《き》・山《むれ》は古代朝鮮語です。それから斉明天皇は秦の某という百済人を呼んで、『この歌を後に伝えて、な忘れしめそ』（忘れさせんように伝えなさい）と命じている」

と、書いておられます。

もし日本人の書記官がおれば日本人に書かせるはずです。百済人を呼ばれたということは、日本人で書記ができる人がいなかったということだと博士は言っておられるのです。

さらに続けて、

「太安万侶が『古事記』を書いたということになっていますね。あの太安万侶の墓記が出てきました。墓が発見されて。その墓記何月何日に「死之」（実際は卒之）（「これに死せり」）と書いてある。「死す」の下に「之」が書いてある。こんなところに「之」を入れるという使い方は漢文（中国式漢文のこと）にはない。ところが百済式漢文には出てくる。そうするとこれを書いた人も百済人であるということになる。だから『古事記』を伝承した語部は日本人であったであろうが、しかしそれをある時期に文章化したのは、百済人が少なくとも主になってやっておったのではないかと思われる」

と、あります。

古事記を編纂した太安万侶の墓誌までも百済人の書記官が記したということは、大きな発見です。

１９７９年1月23日、奈良県立橿原考古学研究所が、奈良市此瀬町の茶畑から太安万侶のお墓を発掘しました。なぜ太安万侶のものとわかったかというと、一緒に出てきた青銅製の墓誌に「……太朝臣安萬侶……」と書かれていたからです。現在この墓誌は国の重要文化財に指定されています。続いて『桂東雑記Ⅱ』には、

「それで天智天皇以前には、だいたい日本人はあんまり書記に携わっておらなかったのではないか。……並べてみると、ことばや書き方が違うというようなことが出てくるわけです。それで、ぼくの考えでは、『後期万葉論』にも書いておいたのですが、人麻呂が日本における、そういう歌なんかの表記の最初の人ではないかと。これは人麻呂の歌の中に、略体と言われる、送りがなをちっとも入れん歌があるんですよ。いろいろ細かい話になり

ますけれども、有名な歌で、人麻呂が軽皇子を奉じて、安騎野に旅宿りに出かけるうたがあるんです。その長歌があって、短歌四首の最後に、

東の野にかぎろひの立つ見えてかへりみすれば月西渡（かたぶ）きぬ

東　野炎　立所見而　反見為者　月西渡」

と、書いておられ、この歌は送り仮名がわずかしか入っていない非略体と言われるもので、全く送り仮名を入れない略体というものもあり、このまま音で読みます。この書き方は百済人しかしないといいます。百済人が漢文を読むときは、そのまま音で読みます。その送り仮名を使わない書記法を人麻呂は枚方（大阪府枚方市）に住んでいた百済人に学んだのです。

枚方には百済神社があり、百済寺があり、星が丘があり、天の河がありというふうに、七夕伝説がそっくり入る地名があります。万葉集にある人麻呂作の七夕の歌の書記法が略体であると述べておられます。結論として博士は、

「あれが『万葉』における一番古い筆記部分だとぼくは思うんです。

ということは、つまり人麻呂以前には、日本人はあんまり文筆に携わっておらんということです。それであの時分にようやく日本人も自ら書記するようになる。それで『日本書

紀』を編纂する頃の年になりますと、もう貴族の中には漢詩を作るというぐらいまでの学習をした人がおるのです。だから『日本書紀』の編集の中にはいくらか日本人も参加してると思います。ただしかし、百済の文献をたくさん使っとるし、大部分は百済人が中心になって編纂をしたであろう。『古事記』もだいたい百済人が中心になって編修をしたのではないかと思う」

と、おっしゃっておられるのです。

■日本書紀に数多くみられる百済の歴史書からの引用

ここで白川博士が言及している百済の文献とは、百済の歴史書である、百済三書のことです。日本書紀にはそこから引用された文章が多くみられます。その引用の頻度は、

・百済記―百済と日本との交渉開始から漢城陥落（４７５）まで…５回

・百済新撰―倭国の支援で百済を再興した東城王・武寧王の時代（４７９～５２３）…３回

・百済本記―聖明王の治世を主題…18回に及んでいます。

もちろん、日本書紀の大部分は百済人が編纂したとの見解に反対の意見もあります。その最たるものが、京都産業大学教授・森博達氏の説でしょう。

森教授は、音韻の面から『日本書紀』は2つのグループに大別できるとしました。すなわち、7世紀後半から8世紀初頭の唐代北方音に依拠したα群とそれ以外のβ郡に分け、α群は中国人でなければ述作が不可能との結論を前提に、音博士に登用された唐人・続守言《しょくしゅげん》と薩弘恪《さつこうかく》という二人の唐人を候補に挙げました。β群に関しては、渡来系氏族出身で還俗した山田史御方《やまだのふひとみかた》を有力な候補に想定しました。

この学説に対しては、2015年2月に発刊された皇學館大学研究開発推進センター准教授・遠藤慶太氏の『日本書紀の形成と諸資料』に反論が記されています。氏は、

「『日本書紀』を筆録した個人を特定することは可能なのであろうか。いくつか提起されている固有の人名はあくまでも推論の域を出ない仮説であり、筆録が可能であったろう集団の想定までが限界なのではないだろうか。それでも再び議論が作者論へと向かうのなら

ば、編纂者が利用したであろう資料（編纂素材）の解明と最終段階での筆録の関係を説明しておかなければならない。勅撰で著された共同著作と個人の著作とは区別が必要なのである」と論を展開しておられます。

日本書紀という、当時の大和朝廷が正式の国の歴史書として編纂し著したものを、個人の著作と同じ次元で特定の数名の人が著したとは考えられないと言っておられるのです。

続けて

「ところで、『日本書紀』が巻ごとに分類が可能であるということ自体、『日本書紀』がひとつの書物として統一を欠くことの証である。通常、国家による歴史書の編纂とは、異伝を統合し公式見解に沿った叙述を正典として確立する政治的な事業としてとらえられる。『日本書紀』『古事記』の場合、天武天皇の意志に発する権威性によって正典の確率が可能であったと理解されてきた。しかし実際の『日本書紀』は区分論が可能なほどさまざまな要素が混在し、けっして均質なテキストではない」

と、述べられ日本書紀はそれまで伝えられていたいくつかの歴史書が統合されて編纂されたものであって、一つの書物として統合性を欠いているというわけです。そして、

「このような事態が起こりえた背景には、『日本書紀』編纂においてゆるやかな枠組みが許されたことがあり、その結果利用した素材資料は多くの場合、もとのままで採録されたと考えられる。したがって現在の『日本書紀』とは、『日本書紀』以前に存在した記録・伝承を修正し、長い編纂の道のりを経て八世紀に完成した最終的な姿とみるのがふさわしいのである」

と、多少の修正はあるものの、基本的には素材・資料はそのまま使われ、いわば長い時間をかけて編纂されたのが日本書紀であると主張しておられるのです。

■『日本書紀』を見るポイント

私は専門家ではありません。しかし、『日本書紀』をみる観点においては次のことが重要だと考えます。

1、日本書紀全体を総合的にとらえる。

2、日本書紀は、古事記と違って外交関係、とくに朝鮮半島との関係が極めて多い。したがって、日本国内次元で見るのではなく、半島諸国との関係でとらえる。
３、日本書紀には、白川博士も指摘されたように、百済三書から多く引用されていることを重要視する。
４、日本書紀は、膨大な書です。遠藤准教授が指摘されたように、個人の著書ではなく国家が直接関わった国家としての正式の歴史書です。時間もかかっているに違いありません。
５、上記のような視点から、日本書紀を誰が最終的に書いたかよりも、どういうグループが編纂にたずさわったかが重要と考えます。
さらに遠藤准教授は前掲書で、藤原不比等について重要な点を指摘しておられます。というのも、日本書紀の編纂時期に大和朝廷の実力者であった、藤原不比等が日本書紀編纂に関与しているとの見方が根強くあるからです。中臣鎌足（のち藤原鎌足）には二人の男児がおり、長男が遣唐使として派遣された学問僧・貞恵（定恵）、次男が不比等でした。鎌足は外交面で活躍し、具体的内容としては、
・唐使との交渉（天智天皇３年）
・新羅使との交渉（天智天皇７年）

・百済義慈王からの厨子の進呈（天平勝宝八歳）
などがあります。

当時、朝廷において文字記録を担ったのは書記官《フミヒト》と僧侶であり、彼らは漢籍と仏典に通じていることから外交交渉にも深く関与していたのです。そこで鎌足は、二人の息子のうち一人は学問僧として、もうひとりは渡来系書記官である田辺史に養わせたのです。渡来系フミヒト集団については後述しますが、この田辺史は仁徳朝に百済より渡来した思須美《しすみ》・和徳《わとく》が祖であることは付け加えておきたいと思います。

■百済系渡来人は大和朝廷内で確固たる地位を築いた

遠藤准教授は、『日本書紀』の編纂には、百済から渡来したフミヒト／フヒト集団が大きく関与しているとみています。

その論旨を見てまいりましょう。
①百済では、文字記録の始まりは近肖古王代（３４７年～３７５年）と考えられる。そ

してそれは、「博士高興」によるとされ、その姓から中国系の人物とみられる。

近肖古王は百済第13代の王で、日本・中国の史書に初めて名の現れる百済王です。３７１年には太子とともに、高句麗の首都平壌へ攻め込み、高句麗・故国原王を戦死させています。

②日本においては、推古天皇28年に皇太子（厩戸王子）と嶋大臣（蘇我馬子）が監修し、「天皇記」「国記」などの史書がまとめられた。

③しかし、皇極天皇４年（６４５）の政変（大化の改新）の時、これらの史書が蘇我蝦夷《そがのえみし》邸で火に投じられた。かろうじて「国記」だけは、百済出身の渡来人である船史恵尺《ふねのふびとえさか》により、火中から救出された。恵尺が火中より「国記」を救いだしたのは、「天皇記」「国記」の編纂になんらかの関与をし、その重要性を認識していたからであるとの推測が成り立つ。

また船史恵尺をはじめとする百済系書記官らの末裔からは、『続日本紀』編纂の最終段階で撰者となった菅野真道《すがののまみち》・中科巨都雄《なかしなのこつお》のように、実際に史書の編纂にかかわった人物が出ている。後代の実例とフミヒトの役割を重ねて考えるとき、船史恵尺が「天皇記」「国記」の編纂に関与したとみるのは、蓋然性が高い。

大化の改新とは、当時の中大兄皇子と中臣鎌足が組んで、崇峻天皇を暗殺し専横を欲しいままにしていた蘇我一族を亡ぼしたことで有名です。高校時代、日本史を専攻していた私は、大化の改新無（6）理な仕（4）事（5）と645年という年代を覚えたものです。

④「旧辞」「帝紀」は、欽明朝前後の6世紀中頃に文字化がはじまるとみられてきた。倭国と利害が対立する新羅が加耶分割を進め、自国史の編纂をはじめたほぼ同時代に、倭国の「帝紀」「旧辞」がまとめられはじめたのは、欽明朝の書記官が新羅と競合関係にある百済出身であることとあわせて、大いに示唆的である。

要するに、加耶を併合してしまった憎き新羅に対抗し、同じように倭国の歴史書の編纂を始めたと見ておられるわけです。

⑤倭王権の意向としては、欽明・敏達朝に登場する百済系の書記官に外交文書の遣り取り（例えば王辰爾《おうしんに》）、屯倉《みやけ》（大和朝廷の直轄領）の開発（白猪胆津《しらいのいつ》（百済渡来人の官吏））を担当させ、文字記録を通じたフミヒトの実務能力を利用する。
　そして書記官を含めた渡来系の氏族を、大和の身狭《むさ》（見瀬）・檜隈（ひのくま）、あるいは河内の古市・飛鳥・高安のようなアガタに象徴される王権の直轄拠点へと計画的に配置した。前田家本『日本書紀』の敏達紀では、「東西書史」（東漢氏・西文氏）にヤマト・カワチとの傍訓がある。渡来系氏族が特定地域に配置された結果、欽明朝以後にみえる新しいフミヒト、船・津・白猪（葛井）三氏は、旧来のフミヒトである西文氏と近接して住むことになる。

　当時、漢文を読み書きできるということが外交分野や財政運営にとって極めて重要だったことが窺えます。したがって、王権にとってはそのような能力を有するフミヒト集団をきちんと管理しておくことが王権の存亡にも関わることであったと推測されます。

⑥百済系渡来人の書記官側も、例えば欽明朝の王辰爾はみずからの技能（文字による記

録の管掌）と引きかえに、百済の戦略的意図を倭王権に訴えかける「駐在官」の役割を果たしていた評価がある。

要するに、百済系書記官の役割は、ただ書記だけにとどまるのではなく、百済側の意図を汲んで、それを大和朝廷に受け入れてもらう百済の外交まで行っていたということです。

⑦後から渡来してきた技術者は、百済出自という共通項により倭王権における一定の地位の確保、継承が可能になるため、渡来の時期差のあるフミヒト──例えば西文氏と船氏のように同族系譜を形成してきた。

海外に渡来人が定着することは古代といえども簡単ではなかったということは、多少は理解できます。百済系渡来の史人たちは、すでに大和朝廷内で確固たる地位を築いている先住一族と同族であるということで、地位の安定化を図ったということです。家系図がそのために利用されたということはよくあることです。

⑧百済三書の一つである「百済記」は、神功・応神紀を中心に百済と日本との通交を記した起源伝承としての性格が色濃く、大和朝廷への奉仕の根源を示すものとして朝廷に提出された。そのような歴史叙述が可能なのは、田辺史・上毛野公・池原朝臣・住吉朝臣といった百済系のフミヒトと推測される。

神功皇后の三韓征討については後述します。いずれにしても、百済系フミヒトが神功・応神紀を記したとの推測は、大胆でしかも急所をついたものといえるでしょう。

⑨「百済本記」は継体・欽明紀にのみ18条の引用があり、このあたりの朝鮮関係記事は「百済本記」にもとづく記述と考えられる。「百済記」の記述を踏まえており、さらに「太歳《たいさい》」による干支の表示がある（年号の表記が太歳によっているということ）。太歳とは、木星の対象点に仮想された天体で、中国で秦漢以後に紀年で用いられるようになった。

しかし、『史記』『漢書』のような中国の正史では、太歳による干支表示は用いられていない。『日本書紀』では太歳が紀年指標となっている。

中国正史にはない干支表示をわざわざ『日本書紀』が採用した理由は、紀年の基準が百済系の史料にあり、「百済本記」が太歳で年の干支を表示していたためと考えるほかない。

確かに、日本初の正史である日本書紀の年代表示が中国表示ではない百済系資料にあるという指摘は、日本書紀の編纂が百済系フミヒトによると考えられる大きな学術的証左といえるでしょう。

⑩「百済本記」の中に、554年新羅との戦闘で聖明王が戦死した後の百済再建史を訴える内容が存在することを考えると、「百済本記」をまとめたのは、百済復興と引き換えに欽明朝に倭国に渡来した百済系のフミヒトではないかと考えられる。

⑪『日本書紀』がフミヒトの歴史叙述に多く依拠したことを評価すれば、現在目にする本文が成立するまでに重層した編纂史が存在し、それは素材資料（帝紀・旧辞、百済史書）と筆録集団によって8世紀の修史事業は規定されていたと考えられる。

日本書紀の素材・資料となっている帝紀・旧辞・百済史書等を、百済系フミヒトが記したということは、百済系フミヒト集団が日本書紀編纂の中心的業務を担っていたと考えられるということになります。

白川博士も、柿本人麻呂以前、天智天皇以前は、日本人で書記に携わった者はいなかった、書記は百済系フミヒトが独占していたと指摘しておられることを考え合わせると、日本書紀以前にあった素材・資料は百済系フミヒトが記したの主張は、至極妥当と考えられます。

また、それらの資料を統合して日本書紀が編纂されたことを考慮すると、遠藤准教授の見解は正しいと考えざるを得ないのではないでしょうか。

かなり長くなりましたが、以上のようなものです。さらに関心のある方は、遠藤慶太著『日本書紀の形成と諸資料』の御一読をお勧めいたします。

◆コラム　日本と韓国の歴史学者について

日本人の研究者にとって日本書紀や万葉集には読解不能な部分がありますが、それを韓国の歴史研究者が解き明かすケースもありました。当時、韓国から多くの人が日本に渡来して韓国語が原型となった日本語も多くあったのでしょう。

「準備」「無理」「到着」「約束」「記憶」などは韓国語でも「チュンビ」「ムリ」「トーチャク」「ヤクソク」「キオク」と読み、ほとんど日本語と同じ読みだということからも想像できます。逆に1910年の日韓併合によって日本語が使われたことにより、例えば、新聞《シンムン》などのように日本語がそのまま韓国語として残っているものもあります。

また、韓国では倭の国の大和朝廷は韓国の弟のような立場だととらえている学者も多くいます。広開土王の石碑には倭の兵が上陸して韓国を攻撃し荒したなどと書いていますが、第二次世界大戦前の韓国の学者は、その内容は日本が石碑自体を改ざんしたと言っていました。しかし、日本の研究によるとそうではありませんでした。日本の学者は冷静にきちっと、日本、中国、韓国の文献を調べ、客観的に解き明かしています。現在は、両国の学者において、石碑の内容は改ざんされていない事実であったというのが定説となっています。

私は1976年、かつての新羅の都だった慶州の仏国寺を初めて訪ねたことがあります。仏国寺の裏山にある石窟庵の石仏は東を向いていて、額にはダイヤモンドが埋め込まれていたそうです。そして、秋分の日と春分の日の昼と夜の長さが同じ日には太陽が昇ると朝日がそのダイヤモンドに当たり、光が反射してドームの左右に安置された仏像に光が当たって、ドーム全体が光るようになっているということでした。それは、倭の国が攻めてきたときに、その光は仏の慈悲であるから、その慈悲によって倭国の兵士の心を和らげ、侵攻を止めさせようとしてつくったのだと聞いたものです。

また、渤海湾の海に建てられた文武王の墓は、倭の国から攻撃されないようにと建てたと聞きました。しかし、韓国に留学した日本人の研究者が詳細に文献を調査したところ、その当時、倭からの侵攻はなかったということがわかったのです。当時は唐が新羅と組んで高句麗と百済を滅ぼしたあとも韓半島に居残り海を支配していたことに対して、海を唐の支配から守るため墓を海に建てたという事実を発見しました。このことは学会でも発表され、今では韓国でも公式に認められています。

かつては、韓国の学者にも主観的解釈をする人もいたのですが、現在では客観的に先進的な研究がなされるようになっています。

■韓国人の民族性

ここで、韓国人の民族性について多少補筆しておきたいと思います。

一点目は、「恨《ハン》の文化」ということです。

半島国家であるがゆえに、日本からは大きくは二度、大陸からは強大な国家が誕生する度に侵攻を受け、屈辱の歴史を繰り返してきました。

本書のタイトルにもなっている「恨」（韓国語ではハンという）は、すぐはらせるものではなく、心の中で蓄積されていくものです。血統を重んじ族譜（家系図）を記してきたことは述べました。これらが恨と結びついて歴史を重要視し、歴史的に重層的に積み重ねられてきた恨の文化となってきたと考えられます。

また、キリスト教が韓国に根付いた背景には、古来よりあったハナニム（唯一神）信仰と十字架で殺害されたイエス・キリストの恨に共感した面も指摘されています。

ハナニム信仰は宗教としての形を形成してはいませんが民族の土着の信仰で、日本でいう神道のようなものです。ハナとは、日本語にも取り入れられていて、ハナから始めるというように最初のという意味があり、また偉大なという意味もあります。また日本語で一つ、二つという言い方が韓国語ではハナ、トゥルとなっているように「ハナ」は「ひとつの」との意味もあります。ニムは様という意味です。したがって、ハナニムとは最初の存在であり、唯一の偉大な方ということで、創造神としての神様を表します。

日本では、八百万の神を信仰しますが、韓国では唯一なる最初の偉大な存在としてのハナニムを信仰するのですから全く対照的です。

二点目は、両班文化ということです。

歴史的に王朝に仕える宮中に、文官（今でいう官僚）と武官（軍人）があり、文官が上位を占めてきました。文の班と武の班があるということで、合わせて両班というのですが、文が常に武に対し優位でした。

このような考え方は、手や体を使う作業よりも頭や心を使う作業を重要視することにつながってきました。韓国において、神父・牧師や弁護士等が重んじられる背景には、このような文化があると考えられます。

現在の韓国政府は、優秀な若者が科学技術に関心を持つよう努力しています。科学者は頭を使うというより手仕事だとして、神父・牧師や弁護士よりは下の職業にみられてきたからです。それを変えようというわけです。例えば、朴槿恵政権は政権担当期間

２０１３～２０１７年までの科学技術振興予算を李明博政権時より24兆４千億ウオン（約2兆５千億円）多い68兆ウオン（約６兆９千億円）としていて、しかもそのうち基礎科学費の割合を２０１３年の２４・６％から２０１７年には40％まで上げる計画です。また大学のベンチャー同好会の数も２０１２から２０１３年の１年間で１０２２から１８３３に増え、同会所属の学生数も同じ期間で２４・６％増加しています。しかし、民族性としての、手の仕事より頭の仕事を重んじるという、考え方を変えることは簡単なことではないでしょう。

また心の作業を重んじるということは、碁であるとか、スポーツでいえばイメージ・トレーニングを重んじる種目が得意ということにつながると思われます。

第三点目に、血族意識の強さとともに地域意識、地域感情が極めて強いということです。これは、かつての新羅対百済が嶺南（旧新羅の地域、慶尚北道・南道）対湖南（旧百済の南部地域、全羅北道・南道）となっており、朴正熙大統領、全斗煥大統領、盧泰愚大統領等は全て嶺南地域出身であり、それらの政権期は、そちらに集中して投資してきました。金大中大統領になってやっと湖南地域出身者が大統領になりましたが、今でも与党セヌリ党の基盤は嶺南、野党統合民主党の基盤は湖南と、基本的には分かれています。

高麗時代のある王の指示の中に、湖南地域出身者は信頼できないから、官僚として用いるべきでないというのがあると聞きました。とすれば、湖南地域の人々に対する差別的意識は、相当古い時代からあったということになります。

■百済系フミヒト集団が大和朝廷に与えた影響

今まで述べてきましたように、百済系フミヒト集団の『日本書紀』編纂への関与は疑うことができないと考えられます。では、これが『日本書紀』の記述やその後の歴史にいかなる影響を与えることになったのでしょうか。遠藤准教授はおおよそ、

「新羅は半島東南部の辰韓のひとつから成長し、７世紀末に半島を統一しました。日本は６世紀以降、朝鮮半島をめぐって利害の衝突する局面が増え、とくに加耶諸国の併合（５６２年）・百済の滅亡（６６０年）は対立が頂点に達したできごとでした。古代における新羅観は、そのような歴史的経緯を反映させ、願望として日本に朝貢する「蕃国」の位

置づけを形成しました。その根拠となったのが神功皇后の伝承であり、『日本書紀』神功皇后摂政前紀では、三韓を「内宮家《うちつみやけ》」と定め、新羅王は「飼部《みまかひ》」として毎年「男女の調」を納め、朝貢を廃さないと誓ったとされている」と考えておられます。

簡約すると、新羅による加耶諸国の併合および百済の滅亡を通して、朝鮮半島における日本の望みを打ち砕いた勝者・新羅を日本の下に位置する朝貢国にしたいとの願望が形成された。その根拠として神功皇后の新羅・三韓征討の伝承が用いられたということです。

神功皇后の三韓征討については、『東アジアの動乱と倭国』森公章著によると、

「この発言は神功皇后の『三韓征討』伝承を根拠とし、朝鮮諸国が倭国の領土であったという観念を背景としているが、その実態については前章で述べた通りであり、もちろん倭国が朝鮮半島に領地を有することはなかった。ただし、南部加耶地域を介した倭国と百済の関係は、『日本書紀』がいうところの神功皇后の時代に始まっており、そこを起点とする朝鮮諸国の問題に対する倭国の介入は、倭国の外交史として要諦であった」（P117）。さらに「こうした記事に続いて、『日本書紀』では仲哀・神功紀の三韓征討が叙

述されるが、そこでは新羅だけでなく、高句麗・百済も朝貢を約束しており、上掲の神功四十六年条とは本末転倒になってしまっている。神功皇后の三韓征討はもちろん後代の観念が生み出した潤色記事であるが、神功紀には後述の新羅からの人質の話など、年紀を修正すれば、中国・朝鮮の文献と対照して検討できる材料が含まれている」（P24）

との見方が一般的に認められた学説となっています。年紀を修正すればの意味は、干支二運１２０年を足すの意であり、朝鮮の文献とは「三国史記」「広開土王碑文」のことを指しています。

遠藤准教授は、神功皇后は倭の朝鮮支配の起源が結び付けられた人物であり、神功紀の加羅七国平定の話は、「百済聖明王代の現実に立って叙述せられた古き代の伝説史」として、百済側の記録によったとの指摘も傾聴されると言っておられます。

遠藤准教授の言わんとされることは、前述しましたように神功皇后四十九年の条に、卓淳国に結集した倭軍が加耶七ヵ国を平定したとありました。それは、百済・聖明王の時代に金官国（南加羅）を始め加耶諸国が新羅に併呑されました。それで、同時代にその悔しさを味わった欽明天皇時の百済系フミヒトが、百済系資料を潤色して神功皇后の加耶諸国平定伝説を書いたとの意です。

以上を年表でまとめてみると、次のようになります。
３６６年　倭と百済の連絡開始
３７２年　百済から倭への七支刀献上（奈良県天理市石上神宮）
３９１年　倭軍、半島に進出。高句麗、倭を敵対勢力として認識開始
３９１年　新羅、倭に王子を質として送る
３９７年　百済、倭に王子を質として送る
３９９年　倭、新羅に侵入
４０３年　百済、倭に縫衣工献上
４０５年　倭にいた百済腆支王子、倭兵１００名とともに帰国し即位
上記の３６６年～３９９年あたりの出来事を、潤色して神功皇后の新羅征討、三韓征討と記述したと考えられます。

■新羅に恨を抱く百済人が日本書紀編纂に携わった

では、神功皇后の新羅征討の部分を『日本書紀』で見てみましょう。

「仲哀天皇九年の条―秋九月十日、諸国に令して船舶を集め兵を練られた。ときに軍卒が集まりにくかった。皇后がいわれるのに、『これは神のお心なのだろう』と。そして大三輪神社をたて、刀・矛を奉られた。すると軍勢が自然に集まった。……」

と記されており、その後、日本の軍勢を乗せた船は天神地祇に守られ新羅に着いた。それを見た新羅の王は、天運が尽き国が海となるかもしれないと恐れ、東にある神の国・日本の聖王である天皇の神兵に勝てるはずないと白旗を掲げ、自ら捕われたとなっています。

さらに、

「地図や戸籍は封印して差出した。そしていうのに、『今後は末長く服従して、馬飼いとなりましょう。船便を絶やさず、春秋には馬手入れの刷毛とか、鞭を奉りましょう。また求められることなくても、男女の手に成る生産物を献上しましょう』と。……高麗・百済二国の王は、新羅が地図や戸籍も差出して、日本に降ったと聞いて、その勢力を伺い、とても勝つことができないことを知って、陣の外に出て頭を下げて、『今後は永く西蕃（西の未開の国）と称して、朝貢を絶やしません』といった。内官家屯倉《うちつみやけ》を定めた。これがいわゆる三韓である。……」

と日本書紀は記しています。

何度も繰り返していますが、上記の箇所が日本書紀の対新羅観形成の原点となる伝承なので、あえてまた書きました。

続けて、百済系フミヒト集団が記したであろう百済人としての恨の箇所に触れてみたいと思います。日本書紀では、また一説ではと断っていますが、捕らわれた新羅王に対して次のようなことが記されています。ここは大事な箇所なので、日本書紀をそのまま引用します。

「また一説によると、新羅王をとりこにして海辺に行き、膝の骨を抜いて、石の上に腹ばわせた。その後、切って砂の中に埋めた。一人の男を残して、新羅における日本の使者として帰還された。その後新羅王の妻が、夫の屍を埋めた地を知らないので、男を誘惑するつもりでいった。『お前が王の屍を埋めたところを知らせたら、厚く報いてやろう。また自分はお前の妻となろう』と。男は嘘を信用して屍を埋めたところを告げた。王の妻と国人とは謀って男を殺した。さらに王の屍を取り出してよそに葬った。そのとき男の屍をとって、王の墓の土の底に埋め、王の棺の下にして、「尊いものと卑しいものとの順番は、このようなのだ」といった。

天皇はこれを聞いてまた怒られ、大兵を送って新羅を亡ぼそうとされた。軍船は海に満ちて新羅に至った。この時新羅の国人は大いに怖れ、皆で謀って王の妻を殺して罪を謝した」

これらは、史実ではありませんが、なぜここまでひどく書くのかが問題です。膝の骨を抜いたら、立てなくなって自然と前のめりに倒れ、額が地につきます。頭の額を地につけて拝むというのは、東洋においては最大の畏敬の念の表れなのですが、このような形での敬拝は、逆に最高の屈辱でしょう。

また、韓国では死者をどのように祀り、埋葬するかはもっとも重要で、とくに王様の墓は風水によって、その場所や位置、頭の方向や遺体の安置方法、財宝をどう埋葬するかなど、最適な方法で墓がつくられますが、それらを無視して悲惨な殺戮の光景を克明に描いています。

新羅の王が、このような形で殺害され埋められたという記述は、新羅に対する最大の侮辱であり、新羅へこれ以上ない恥辱を与えたいとする願望の表れと考えられます。

正気の沙汰ではない表現の数々が羅列されているのは、なぜでしょうか？

これは、新羅に恨を抱く百済の人たちが日本書紀の編纂に携わったのと無関係ではないでしょう。

遠藤准教授が指摘しておられる箇所があります。准教授は、恨という言葉は使っておられませんが、新羅の非道について書かれたところで、私は百済の恨のひとつの表れとみることができると考えている箇所です。

「日本書紀」欽明天皇二十三年の条に、天皇の詔として、

「新羅は西に偏した少し卑しい国である。天に逆らい無道で、わが恩義に背き、官家をつぶした。わが人民を傷つけ、国郡を損なった。神功皇后は、聡明で天下を周行され、人民をいたわりよく養われた。新羅が困って頼ってきたのを哀れんで、新羅王の討たれそうになった首を守り、要害の地を授けられ、新羅を並み外れて栄えるようひきたてられた。

神功皇后は新羅に薄い待遇をされたろうか。我が国民も新羅に別に怨があるわけでない。しかるに新羅は長きほこ・強弩《きょうど》（つよきゆみ）で任那を攻め、大きな矛・曲った爪で人民を虐げた。肝を割き足を切り、骨を曝し屍を焚き、それでも何とも思わなかった。……胆や腸を抜きしたたらせる思いをしても肝逆をこらし、天地の苦痛を鎮め、君父の仇を報いることができなかったら、死んでも子としての道を尽くせなかったことを恨むことになろう。」

とあります。

要は、神功皇后が情けをもって守り引き立てられた新羅は、なんと恩知らずの国であろう。任那を攻め人々を残虐に殺害していった。腹をさき血を滴らせる思いをしても、その新羅への恨みを晴らしていかねばならないと、天皇の詔として訴えているのです。

遠藤准教授は、この詔は、『梁書《りょうじょ》』王僧弁《おうそうべん》（生年不詳～555年・南北朝時代の南朝梁の将軍）伝に引かれた誓盟文が典拠であり、梁を亡ぼした侯景《こうけい》を新羅、梁の武帝を神功皇后に入れ替えたのみといっておられます。准教授はさらに深い考察をしておられますが、いずれにしてもこういう表現を使って新羅を批判し、任那復興を訴えるというのは、やはり百済の新羅に対する恨の表れでもあると見られます。

■新羅に対する異常なまでの「恨」

「百済の恨」を語るうえで、武烈天皇の暴虐について触れないわけにはいきません。日本書紀は日本の天皇家の正式な歴史書です。そこに目を覆いたくなるほどの悪行が書かれているのはなぜか不思議に思えてなりません。

「日本書紀」より以下にその暴虐ぶりを引用しましょう。あまりにひどい内容ですが、日本書紀に書かれている言葉をそのまま用いて記すことを、お許しください。

二年秋九月、妊婦の腹を割いてその胎児を見られた。

三年冬十月、人の爪を抜いて、山芋を掘らせた。

四年夏四月、人の頭の髪を抜いて樹の頂きに登らせ、樹の本を切り倒して、登ったものを落とし殺して面白がった。

五年夏六月、人を池の堤の樋の中に入らせて、外に流れ出るのを三つの刃の矛でさし殺して喜んだ。

八年春三月、女たちを裸にして平板の上に座らせ、馬を引き出して面前で馬に交尾させた。女の陰部を調べ、うるおっている者は殺し、うるおっていない者は、官婢として召し上げた。これが楽しみであった。

以上のような振る舞いが書かれています。

例えば中国の歴史書では、王朝が交替した場合、前の王が悪行を働いたからだといわれてきました。例えば、中国古代の夏・殷王朝の最後の王がそうです。王朝が変わるということは、王の血統も変わってしまうことを意味します。しかし、日本ではそういうことはありません。武烈天皇の後の継体天皇は応神天皇５世の子孫であり､越の国（今の福井県）から迎え入れられた方であり、武烈天皇直系ではないとしても、天皇自体の血統が変わったわけでも何でもありません。

また、ある研究者によると、日本の場合雄略天皇と武烈天皇のみがその悪行が記録されているといいます。しかし、雄略天皇は、自分の命を狙うものを殺害したということです。しかし、武烈天皇の暴虐は普通の人に向けられたものです。そして記述内容も、雄略天皇の比ではありません。人として正常ではない、気が狂っているとしか思えないほどのものです。

何故ここまで武烈天皇を卑しめるようなことを書いたのでしょうか。今までの解釈では割り切れないもっと深い心理的理由が、日本書紀のその部分を編纂し書記した百済系フミヒトの中にあるとしか思われないのです。

私の解釈は、武烈天皇の名前に原因があるというものです。中国の唐と組んで百済を滅ぼした、統一新羅の初代の王（新羅第29代）が武烈王（金春秋）です。つまり、武烈天皇の武烈というのが、憎き新羅の王様と同じ名前ということです。

韓国人は名前に対するこだわりが極めて深く重いのです。族譜のことは前述しましたが、第1代の先祖から数えて同じ代数の男児の名前の1文字につける漢字が決まっているのです。たとえば、金海金氏の70代目の男の子には○、71代目の男の子には△というふうに、それぞれその代によって使わなければならない漢字があります。金海金氏の人同士が会うと、名前でその人が何代目の人かがわかります。自分が年上でも、相手が自分よりも前の代であれば目上の人として敬うのです。

日本書紀を編纂した百済系フミヒトにもこの名前に使う漢字へのこだわりが強くあったに違いありません。つまり、日本書紀を編纂した百済人が、百済を亡ぼした新羅の王に対する恨を同じ名前の武烈天皇に託して記録したと私は考えています。

日本書紀は、日本最初の天皇家の正史です。それに、このような天皇の悪行を記録するということは考えられないことです。それも、事実ではない虚構のことと推察されている内容をです。よほどの深いわけがあるに違いないと考えられるのです。

このように、日本書紀には百済人の新羅に対する「恨」が流れているのです。遠藤准教授は、日本書紀のに記された新羅観が、８世紀以降の新羅との関係に影響を及ぼし続けるとしていくつかの例を挙げておられます。

次にそれを見ていきましょう。

①天平勝宝4年（７５２年）に大仏開眼にあわせて来日した新羅王子に対し、神功皇后伝説を挙げて国王の来朝を促している。

新羅は、西にある未開の国として日本の朝貢国である。その国から王子が来るとは何事か。王自ら来なければ失礼ではないかと言っているのです。

②天宝12年（７５３年）正月の唐における元日朝賀において、日本の遣唐副使大伴古麻呂《おおとものふるまろ》は新羅が日本に朝貢していることを理由に席次の変更を要求した。

新羅は、神功皇后以来日本の朝貢国となっている。唐の皇帝を中心とした元旦の祝いの場でも、日本は新羅の上席に着くのが当然ではないかと主張したということです。

③天平宝字2年（758年）12月に遣渤海使を通じて安史の乱による唐の混乱が伝えられると、日本側では新羅征討が計画される。大宰府に命じて「行軍式」が造られ、船親王が香椎廟に派遣され、新羅討つべしの状を奏している。以後も船500艘の建造命令、兵法教習、新羅語学習等、本格的な征討準備が進められたが、直接の軍事行動は百姓に負担をかけ、「害仁《がいじん》の棘《とげ》」を招くと退けられたことがあった。

新羅が百済を滅ぼして以来、日本は新羅に対して一貫して征討の思いを抱き続けていたということが窺い知れる内容です。新羅が大国・唐により保護されているので討ちたくても難しい。しかし、唐が混乱し始めたとの報を受け、日本は新羅征討の準備を始めたのだが、民に負担をかけるということで取りやめになったという話です。

第4章　恨を解く

■動の韓国人、静の日本人

韓国人は議論好きで、大声で、まるで喧嘩でもしているように議論を戦わせます。路上であれ、会議の席であれ関係ありません。日本ではできるだけ議論は冷静に、キレて大声を出すような人は人格的にも認められない面もあります。

しかし、韓国人は大声で議論したり喧嘩をしたりした後で、一緒にご飯でも食べようということになり、あとくされなくみんなでチゲ鍋を囲んだり、焼肉を食べたりするのです。そして、その場で歌を歌い始めることもしばしばです。ですから、日本人にとって韓国人の振る舞いは、驚きで理解に苦しむこともあります。

韓国では、家族や兄弟のことを「食口《シック》」と呼びます。文字のごとく一緒に食事をする人のことで、食事を通して交流を持つ機会が多いのです。韓国人と親交を深めようと思えば、食事を一緒にすることが一番です。

親交を深めるもう一つの手段は、家系の話を聞くことです。族譜を大切にすることはすでにお話ししましたが、韓国人は、自分の先祖のことや親戚のことを話すのが大好きで誇りです。

日本人は、自分の先祖のことを知っている人は少ないですが、韓国人は何代前にもさかのぼって詳しく知っています。日本では最近、個人情報保護法もあってか、またお国柄もあってなのか、初対面の人に自分の家族や家系のことまで話すことはまずありません。

しかし、あなたに関心があり、信頼していますよという証としても韓国では、家系の話を聞くのがもっとも喜ばれます。そして、親しくなれば血がつながっていなくても、兄《ヒョン》さんと呼びます。それだけ情が深く人間関係を大切にするのです。私も若いときに、ある韓国人の先輩から気に入られたのか、握手を求められ両手で握って、なんと1時間半も握り続けられたことがありました。

また、異性との付き合いでも日本人にとっては戸惑うことや勘違いしてしまうことも多いのです。恋心ではなく親しみのしるしとして女性は男性にすぐ腕を組んできます。また、男性は女性が笑顔で接したり褒めたりすると、すぐに食事に誘います。そこで、ちょっと時間がないというと、次の日はどうか？　それでも難しいというと、その次の日は？　と聞いてきて困ったという話も聞きます。日本人だと、時間がないと言われたら断られたと判断しますがそうではありません。

そんなときは、あいまいな答えは通用しません。はっきりと「あなたと食事したくありません」とか「あなたに興味がありません」場合によっては「あなたが嫌いです」と言ったほうがいいそうです。日本人はそんなことを言ったら嫌われるのではないかと気にしますが、韓国人は「なんだ、それならそうと早く言ってくれ」と言って、根に持つことはなく、その後も普通におつきあいができるのです。それだけ、気持ちの切り替えが早く、素直だといえます。

日本人はよく「考えておきます」といいますが、それは断りのことばであるという暗黙の了解があります。韓国人にはこのような曖昧な表現や奥ゆかしさは通じないと思ったほうがいいでしょう。

■恨の文化

私がこれまでに韓国の方々と接し、いろいろな文献を調べて感じるのは、韓国は「恨の文化」に彩られた国であるということです。「恨」とはどんなものかをもう一度みていきたいと思います。

「恨」の文字は、日本では「うらみ」と読みます。しかし、韓国語では「ハン」と読みます。そして単なる「怨み」ではなく、対象のない、だれにもぶつけることのできない悲しみや怒りや辛さが、心の中に雪のように静かに降り積もっていく感情であるといわれます。それは、韓民族のたどってきた歴史と無縁ではありません。

「恨」の語源をたどれば、前にも述べましたが、ハン（한）とは一つという意味です。韓国で数を数えるときには「ハナ、トゥル、セ……（一つ、二つ、三つ）」と数えます。日本語の「ひとつ」が「ハナ」で、その語源が「ハン」です。また、「ハナ」は一つであると同時に神様も意味します。前述したように、古来よりあった韓国の民族宗教であるハナニム（唯一神）信仰が、ハン（한）のことばの根底に流れているのでしょう。つまり、ハン（한）とは、神様のような唯一の「偉大なる統合体」といえばいいのでしょうか。

韓国人は歴史的に、この偉大なる統合体であるところの「ハン（한）」を理想にしてきましたが、現実的には迫害と闘争、差別、分断の歴史が続き、理想からかけ離れた痛恨、悲哀、苦悶、怨恨の情が折り重なって、ハンは恨へと変わっていったというのです。

恨（ハン）とは物事の理想を追い求める願望が、そうならない現実と向き合わざるを得ない感情となったものといえます。

たとえば、自分の能力であれば本来いるべき場所は頭脳労働階級であるはずなのに、それになれない無念や、嫉みの感情です。この無念な気持ちを解消しようとする気持ちが「恨」だといえます。この恨の心を端的に表す「従兄弟《いとこ》が土地を買うとお腹が痛くなる」という諺《ことわざ》があります。韓国人はこの諺を言うのは日常茶飯事です。

日本に対しての「恨」については「千年恨」ということばで象徴されますが、それは、植民地化された時代の抑圧の中で、韓国人に蓄積されてきた感情に加えて、民族の誇りも影響しています。すなわち、古代においては文明も文化も日本より進んでおり、朝鮮からみれば野蛮な状態であった倭の国に、多くの犠牲を伴いながら海を渡り、稲作、宗教、美術工芸、文字、音楽、法令等の文明を伝えてきたという誇りと優越感を持っているのです。

しかしながら、豊臣秀吉の朝鮮征伐をはじめとして、日本から攻撃され、明治維新以降は急激な殖産興業によって、国力が増し居丈高になった日本に対する怒りや妬みがあるのです。さらに、飼い犬に手を噛まれる的な油断があったことに対する痛恨、悲哀、怒りは韓国民族の心に深く積もっています。その感情は日本から直接抑圧を受けていない現代の若者にまで「遺伝」してしまっていると言わざるを得ない状況です。これらの感情を「恨」と言ってもいいのではないかと思います。

恨は、日本に対してばかりではなく、中国から漢代の昔より幾度も侵略を繰り返された服従の歴史に対して、近代では、アメリカからの政治的、経済的な圧力に対しても恨は形成されています。また国内では、代々の王権や両班などの支配階級に対して、あるいは独裁的な政治や腐敗した政治に対しても恨の感情が積もっています。

その結果として、理想に達していない現実への怒りや、渇望として、例えばスポーツなどにその感情をぶつける姿をよくみかけます。

フィギアスケート選手の金妍兒《キムヨナ》は、２０１０年のバンクーバー・オリンピックで金メダルを取り、韓国では「国民の娘」と言われる、国民の誇りとなりました。そして４年後の２０１４年ソチオリンピックでも、その演技はほぼ完璧で、韓国国民は「国民の妹」の金メダルは間違いないと思ったのでした。しかし、金メダルはロシアのソトニコワの手に渡りました。

銀メダルに終わった彼女の涙を見た韓国国民の胸には、国民の妹がいじめられているという「恨」の情が湧き起こったのでした。そして、国民の妹への愛情と「恨」の心はＩＯＣへの審査の不服申し立てや、インターネットでの著名運動に駆り立てられ、２００万人以上の人が署名したと言います。

前述したように、この恨の情は中国やアメリカ、あるいは日本などから多くの苦しみを受けてきた長い歴史の中で形成されてきたものです。ですから、ＩＯＣやロシアという具体的な対象を攻撃し、遣り込めることでは解決しないことも良く知っているのです。「恨」とは痛みや悲しみや苦しみを受け入れながら、それを克服していく心だということを……。

つぎに、「恨」がもっともよく表れているものといえば韓国の代表的な民謡です。私は、アリランの曲とその歌詞に「恨」を感じます。

アリラン　アリラン　アラリヨ　から始まる曲調はやるせない悲しみを帯びています。曲の由来に関しては諸説があるようですが、一説には李太王７（１８７０）年頃、大院君が王宮である景福宮復興のために全国から徴用した労働者たちが、故郷を思って「我離娘（アリラン）」と歌ったのが発端だといわれています。

1．アリラン　アリラン　アラリヨ
アリラン峠を越えて行く
私を捨てて行かれる方は、

十里も行けずに足が痛む。

2. アリラン　アリラン　アラリヨ
アリラン峠を越えて行く
晴れ晴れとした空には星も多く、
我々の胸には夢も多い。

3. アリラン　アリラン　アラリヨ
アリラン峠を越えて行く
あそこ、あの山が白頭山（朝鮮民族の霊峰）だが、
冬至師走でも花ばかり咲く。

（※ここでいう「十里」とは、日本の1里（約4㎞）のこと）

韓国の民謡は3拍子ですが、日本のものは2拍子です。ところが、熊本県の五木地方で歌われる五木の子守歌は3拍子です。私は熊本育ちですから小さい頃よく歌ったものです。悲しみをたたえたその曲調と歌詞「おどみゃ　ぼんぎりぼんぎり　ぼんからさきゃおらんど～」は、アリランに通じる恨を感じて、日本に渡った韓国人が祖国への望郷の思いを込

めて歌ったのかもしれないなどと思うことがあるほどです。

ところで、本書のタイトルは「恨を解く」ですが、日本では「恨を解く」とは言いません。一般的には「恨みを晴らす」という言い方をします。恨みを晴らす場合は、相手を遣り込める、仇を討つなどの意味が内包されて、どうしても恨みを持った相手を想定し、自分自身の恨みは晴らせても、相手は恨みを抱いてしまうという、憎しみの連鎖が避けられません。

しかし、韓国語では「恨を解く」（ハンプリ）と言い、もつれた糸をほどく、また、もつれた人間関係や事件が改善されるという意味があります。この項で最初に述べたように、韓民族は偉大なる統合体である「ハン（한）」を理想として求めてきましたが、現実的には痛恨、悲哀、苦悶、怨恨の情が折り重なって、ハンは恨へと転換されました。このように、恨を解くとは復讐心や仇討ちとは違い、晴らすのではなく、解いて改善するという意味が含まれます。

このような「恨を解く」物語の代表が「春香伝」（しゅんこうでん、チュニャンヂョン）だと思います。

「春香伝」は李氏朝鮮時代の物語で、妓生《キーセン》の娘と両班《ヤンバン》の息子の身分を越えた恋愛を描いています。

18世紀頃、民族の伝統的音楽の語り物（パンソリ）の演目「春香歌」として広まりました。また小説化や映画化もされ、韓国では現在も人気のある作品です。

地方の有志（南原府使）の息子・李夢龍《イモンニョン》と、妓生《キーセン》である月梅《ウォルメ》の娘・成春香《ソンチュニャン》が楼閣で出会い、恋に落ちます。しかし、父の地方での任期が終わり、夢龍はソウルに帰ることになり、二人は離れ離れになりますが再会を誓い合います。

新たに赴任した官僚（府使）の卞《ピョン》は、春香に一目惚れして我が物にしようとしますが、春香は夢龍への貞節を守り拒み続けます。あの手この手の懐柔策が通じないと、卞は激怒して春香を拷問し投獄して瀕死の状態になってしまいます。いっぽう夢龍は科挙に合格して官吏となり、暗行御史《アメンオサ》（身分を隠して悪事を暴く官僚）として南原に戻り、卞府使の悪事を暴き、罷免して投獄します。春香は救出され二人はソウルに戻り末永く幸せに暮らしたのでした。

愛を貫いたゆえに理不尽な投獄をされ、その愛する人により救済されるという単純な物語の中に、恨（どうすることもできない苦しみや悲しみ）が解かれていく韓国民族の理想が凝縮されています。ですから、褪せることなく国民的な共感を呼び、今でも人気があるのだと思います。

長い歴史の中で積もり積もった「恨を解く」ことは簡単ではありませんが、歴史を知り、その結果としての現実を知ることで、「恨を解く」糸口が見出されるのではないかと思うのです。

◆コラム　急激な時代変化でも残る身分差別意識

韓国も日本と同じように急激に変化の波が押し寄せています。貧富の差の拡大や核家族、少子高齢化、自殺者の急増など、国の将来を揺るがす問題も起こっているのも事実です。その原因は、西洋文化とくにアメリカ文化の流入や、インターネットによる情報の氾濫、また、民法の改正によって、これまで戒められていた姦通の罪などが撤廃されたことによる儒教精神の崩壊などにあるようです。

たとえば、朝鮮王朝時代における最上位の身分である文班（官僚）を中心とした両班文化が残っていることは述べましたが、制度としての両班制度は無くなっています。しかし、今ではサムスンやヒュンダイなどの財閥系企業に就職することが、「現代の両班」としてのステータスになっています。財閥とそうでない人たちの格差ははなはだしいのです。そして、財閥系大企業に入ることこそ勝ち組と考えて、その登竜門として有名大学に入ることが必須になっていて、激しい受験戦争が繰り広げられています。

　また、地域差も激しく、ソウルに住んでいるかそれ以外に住んでいるかで、見る目が違ってくるほどソウルに住むことがステータスとなっています。

■日韓の友好に向けて

　９世紀以降の歴史に対しては、さらに研究を続ける必要がありますので、ここではまだ触れないことにしたいと思います。

　いずれにしても、日本最初の正史編纂に百済系フミヒトが多く関与したこと、そしてそれがその後の日本と新羅の関係において、さらには新羅が10世紀末亡んで以降は、おそらく日本と朝鮮半島の関係において、何らかの影響を与えてきたことは想像に難いことではないと思われます。

二つの国が不信感等を克服して友好関係を深めるためにも、同じことが言えるのではないでしょうか。日本と韓国の互の歴史を知る、ところが古代においては、その両国の関係が極めて複雑に絡み合っていたとなれば、その古代史から知っていくということがなおさら重要なことになっていきます。

①日本と半島の関係において、古代からの影響があることを知って、古代における関係に対する関心と知識を積む。

かつて、私がある韓国の方を奈良の飛鳥寺にご案内したことがあります。観光の案内板が立っており、そこにこの寺は百済から来た止利仏師がつくったと記されていました。それを説明したら、その方はそんなことはないはずだと否定されました。

おそらく次のような思いだったと思われます。日本は、とんでもない悪い国だ。自分の親族にも日本人に殺された人がある。まるで鬼のような国だ。その日本のお寺が、たとえ古代につくられたとしても、韓国の百済から来た人が造営したなんて、とんでもない嘘っぱちだというわけです。

恨を解くことは簡単ではありません。歴史的に積み重ねられてきた恨であれば、余計難しいことです。しかし、重層的になっていたとしても、恨の最初の原因となっているものがあるに違いありません。そこまでさかのぼって、解いていかなければ決して解けるものではないでしょう。

そういう意味で、まず古代における日韓関係を知るということが重要です。日本列島に朝鮮半島からの渡来人が多く来たとか、半島においても前方後円墳が発見されたとかを知ることも大事ですが、古代における大和朝廷の外交政策、半島においては高句麗、百済、新羅それに加耶諸国が存亡をかけた戦いをしていたわけですから、とくにそれらとの関係に焦点を置く必要があります。また半島の立場から見れば、どの国が大和朝廷と同盟を結んだか、それがのちの歴史にいかなる影響を与えてきたかを知ることがポイントとなります。

②日本においては、百済の新羅に対する恨を克服する努力をする

日本と韓国の関係は、よく「近くて遠い国」といわれます。近いという意味では、「一衣帯水」という言葉が使われてきました。地理的に近いという意味ですが、両国の関係はそれだけではありません。同じように箸を使い、ご飯を主食とし、味噌も用い、言葉も文法はほぼ同じです。

こんなに近いのに、なぜ心は遠くなってしまったのか。これは歴史を知ることから始めるしかないのではないでしょうか。韓国の日本への恨は、今までよく言われてきたことです。しかし、日本の韓国に対する、ある意味でもう一つ次元の深い恨があるということを認識する、そしてその原因を知るということが、まず重要なのではないでしょうか。意識しようがしまいが、心の奥底に恨みがあるとすれば仕返しをしたいとの欲求に知らず知らずのうちに駆られやすいと考えられます。

前述の758年、唐の力が弱くなったことに乗じて、「新羅討つべし」との声が出てきたことはその一例ではないでしょうか。もちろん、当時の為政者の人々は、新羅による百済の滅亡、神功皇后の新羅征討等知っていたわけですから、無意識ではなかったということになりますが。したがって、〇〇討つべし等の思いを如何に抑える努力をするかが大事なことになってくると思われます。

③韓国においては、百済の新羅に対する恨を解く努力をする

今までは、韓国の方々は日本が恨みの対象だったと思います。日本に対する感情を抑えて、まず冷静に歴史を知ること、近代の歴史も大事ですが、感情的になりやすいこともあるし、まず古代から学んでいくことが肝要ではないでしょうか。なぜならば、より原因的なことがそこに隠されている可能性があるからです。

もし、日本が韓国に恨を与えるようなことをしたその前に、半島出身の人が日本の半島に対する恨みの原因をつくったとすればどうでしょうか。そちらのほうが、より原因的だとなります。したがって、そのようなことを知るということは大変重要なことだと思います。知ってくれただけで、日本側から見れば「わかってくれた」という思いになります。その上で、その恨みの原因を解くために、何が必要かを深慮する必要があります。

その道は遠いかも知れません。しかし、「千里の道も一歩から」「塵も積もれば山となる」とのことばがあります。

「恨を解く」ことは、「歴史を紐解く」ことから始めなければならないのではないでしょうか。丁寧に、冷静に、客観的に、学問的な考証をきちっと踏まえながら、少しずつ少しずつ積み重ねていくことが、過去の恨を解き、希望ある未来へとつながる道だと確信しています。

拙著が、そのための一石を投じたことになれば、幸いです。

おわりに

第一刷が発行されて早いもので4年近い歳月が経ちました。日本書紀に出てくる人物名の難解さも手伝ってか、読者の方から3回ほど読まないと内容趣旨を理解するのが難しいとの声を多く聞きました。筆力の不足を反省するとともに、要旨をまとめる必要性を痛感しました。

4~7世紀韓半島では高句麗・百済・新羅の三国が覇を競っていました。九州に最も近い半島東南部の地域には伽耶諸国が存在していましたが、小国であることと、のち新羅に併合されたため、その期間は高句麗・百済・新羅の三国時代と言われています。三国間の闘争は熾烈を極め、中国の唐と組んだ新羅が百済、高句麗を倒して半島を統一する7世紀後半まで続きました。

日本列島には半島内や半島に近い大陸部の変動により、伽耶諸国、高句麗、百済や新羅から多くの人々が渡来してきました。しかし、主権を握っている政府間の関係こそが国家の対外政策や相手国に対する観方を左右してしまうことに留意しなければなりません。

半島の北部から満州まで支配していた高句麗は、軍事大国として百済や新羅を圧迫し続けました。新羅は後発国家であり当初は弱小であったため、同じ扶余系である百済に対しては、長期間にわたり執拗な侵攻を繰り返してきました。そのため百済は首都を漢城（現在のソウル）、公州、扶余と南下させてきました。

百済は高句麗に対し倭の支援を必要とし、鉄の供給で倭と親交のあった伽耶の一つの国を通して、倭と接触してきました。倭もそれに応えて367年に高官を百済に派遣、百済・近肖古王も返礼として倭に高官を派遣、その際七枝刀等を献上しています。この七枝刀は奈良県天理市石上神宮に保存されていますが、刀に刻まれた銘文により日本書紀の記述は史実であることが判明しました。

倭に軍事的支援を仰ぎたい百済は、倭にない文物や特別の技能を有した人材を提供していきます。その核になったのが王子であり書記官だったのです。王子となるといわば血盟同盟に近いものとなりますが、書記官を送るとはいかなる意義があったのでしょうか？

当時半島や大陸の国々との交渉は文書を中心としてなされていました。書記官がいなければ外交もできない、いわば彼らは国家の命運を握っていたとも言えるでしょう。それを熟知する藤原鎌足は息子・藤原不比等を幼少時より百済系書記官の家に預けて漢文を習熟させたほどです。不比等の名前は、史人（ふみひと＝書記官）に由来しています。

書記官の存在は内政面でも不可欠でした。朝廷からの通達、戸籍、租税に関すること等全て漢文ですから、書記官がいなければ国が成り立ちません。倭の朝廷においては、その書記官の全部と言っていいほどを百済系が占めていたのです。

甲骨文字の世界的権威であられた白川静博士は、いくつかの証左を挙げながら古事記・日本書紀の大部分は百済系書記官が記したと述べておられます。日本書紀は、日本国初の天皇家の正史です。その日本書紀の素材・資料となったのが帝紀・旧辞・百済三書等です。百済三書とは、百済記・百済新撰・百済本記を言い、それぞれ倭との交渉開始から首都・漢城陥落まで（～475）、倭の支援で百済を復興した東城王・武寧王時代（479～523）、聖明王の治世（523～554）が記されています。

皇學館大學遠藤慶太教授は、幾つもの学問的証左を挙げながら、これらは欽明朝に渡来した百済系書記官が記したと述べておられます。百済本記が用いていた干支表示「太歳」が日本書紀の紀年指標となっているのです。

聖明王時代は欽明天皇の時です。長らく百済と新羅の係争の地であった金官伽耶が新羅にとられ、聖明王が新羅兵に殺され、ついには伽耶全てが新羅に奪われました。百済の新羅に対する恨みが絶頂に達した時です。百済系書記官はその恨みを日本書紀に記しました。日本書紀・欽明天皇の巻は、ほとんど韓半島のことで占められています。その中でも伽耶諸国が新羅に滅ぼされた時の記述は、まさに恨みそのものと言ってもいいものです。

そして百済系書記官が恨みの原点として記したのが、神功皇后の新羅征討でした。多少の史実を針小棒大に潤色して書き上げました。何せ日本国家の初の正史である日本書紀に記されたのです。爾来、島には天皇家の領地があり、半島国家は日本の朝貢国であるとの対半島観が出来上がり定着してきたのです。

歴史的には、韓半島を支配してきたのは圧倒的に中国です。しかし、中国に反抗すれば直ちに再度の攻撃・圧迫を受けるし、現在の韓国でも経済の3割は中国に依存しています。韓国からすれば、かつて先進文化を伝えてあげたその日本が……との思いはあるでしょう。しかし、文在寅政府が左翼政権であることは否めません。親北反日政策をとってきましたが、米朝交渉が行き詰まり文政権の親北政策は出口が見つかりません。そうなると左翼的大衆を引き付けるには反日しかなくなります。

日本もかつての親韓反北政策から転換してきました。条件なしの日朝首脳会談実現へと日本政府は舵を切っています。拉致問題の解決という安倍政権が背負っている課題も当然ありますが、単純な戦略から重層的な対半島政策への変更は、かつての大和朝廷が百済一辺倒に陥り、その後の日本を呪縛してきた韓半島観から抜け出す絶好の機会と言えます。勿論北は簡単には応じないでしょう。しかし米国と固く組んで粘り強くやることが肝用でしょう。

今こそ、古代から続く日韓歴史の奥底に流れる「恨」の心を見つめて、解決の糸口を探る作業が必要だと思われます。数年後、あるいは10年、20年後、かつての悲劇が繰り返されないことを願っています。

最後になりましたが、この書籍を執筆するにあたり家族、同僚の皆さんの協力をいただきましたこと、心より感謝しいたします。皆さまの上に幸多かれと祈りつつ、筆を置きたく思います。

２０１9年8月吉

引用および参考文献

ＤＮＡから見た日本人　斎藤成也著
ＤＮＡが解き明かす日本人の系譜　崎谷満著
古代日本　文字の来た道　平川南編
東アジアの動乱と倭国　森公章著
古代を考える　日本と朝鮮　武田幸男編
大加耶連盟の興亡と「任那」　田中俊明著
日本書紀（上）（下）　全現代語訳　宇治谷孟著
歴代天皇と后妃たち　横尾豊著
桂東雑記Ⅱ　白川静著
戦乱三国のコリア史　片野次雄著
日本書紀の形成と諸資料　遠藤慶太著
日本書紀の謎を解く　森博達著
伽耶国と倭地　尹錫暁著
金石文に見る百済武寧王の世界　蘇鎮轍著

著者プロフィール

太田洪量(おおた こうりょう)

昭和19(1944)年、東京に生まれる。直後熊本に疎開。
熊本高校卒業後、1963年、京都大学工学部原子核工学科入学。
在学中は、湯川秀樹博士共同研究者片山泰久教授に師事。
1986年より、日韓古代史研究始める。
現在、京大東山会会長。

恨を解く　古代史から紐解く日韓関係

2015年9月15日　第一刷発行
2019年9月15日　第三刷発行
著者　太田洪量
発行　アートヴィレッジ
〒657-0846　神戸市灘区岩屋北町3-3-18 六甲ビル4F
電話 078-806-7230　FAX 078-801-0006
http://art-v.jp/